走 · 出 · 课 · 本 · 访 · 名 · 家

仰望星空
从仰望伟人开始

冯渊 著

语文出版社

·北京·

图书在版编目（CIP）数据

仰望星空从仰望伟人开始 / 冯渊著. -- 北京 ： 语文出版社，2013.1（2019.4重印）
走出课本访名家
ISBN 978-7-80241-698-7

Ⅰ．①仰… Ⅱ．①冯… Ⅲ．①作家－人物研究－世界－青年读物②作家－人物研究－世界－少年读物 Ⅳ．①K815.6-49

中国版本图书馆CIP数据核字(2013)第025417号

责任编辑	朱春玲
装帧设计	刘姗姗
出　　版	语文出版社
地　　址	北京市东城区朝阳门内南小街51号　　100010
电子信箱	ywcbsywp@163.com
排　　版	河北新华第一印刷有限责任公司
印刷装订	北京天宇万达印刷有限公司
发　　行	语文出版社　新华书店经销
规　　格	787mm×1092mm
开　　本	1 / 16
印　　张	17.5
字　　数	193千字
版　　次	2013年5月第1版
印　　次	2019年4月第2次印刷
印　　数	3,001－13,000
定　　价	34.00元

☎ 010-65253954(咨询) 010-65251033(购书) 010-65250075(印装质量)

颂其诗，读其书，不
知其人，可乎？是以
论其世也！孟子

于游　二〇一二年

目　录

漫游人类精神之途

王旭明

在滚滚的历史长河中，今天只是一个点、一个站而已。纵观人类几千年的文明史，比今人强的伟人多的是。比如冯渊老师在《仰望星空从仰望伟人开始》一书中给我们介绍的杜牧、李商隐、苏轼、萧红、胡适以及国外的莫泊桑、普希金、契诃夫、屠格涅夫、川端康成和王尔德等。

这些名字闪现在我们的语文教材中，但我们或由于接受知识的急功近利和考试指挥棒的高压，或由于知识面的偏狭，忽略了他们，因此没有细细品味他们丰富而不可复制的人生经历。这实在太可惜了。

感谢冯渊老师，他以渊博的知识和丰富的教学经验把这些闪现在语文课文中的古今中外名人集中起来，呈现出来。我特别欣喜自己能读到这些伟人的人生经历以及冯老师酣畅淋漓的抒情。

比如他写杜牧的《登乐游原》："长空澹澹孤鸟没，万古销沉向此中。看取汉家何事业，五陵无树起秋风。"作者写道："长空广漠，一只鸟儿悠悠远去，从视野里消失。其实亘古以来的一切变化都像这只鸟儿，也消失在无尽的时空之中。远望西汉五位皇帝的陵园，秋风起处一片荒凉，那辉煌的大汉王朝如今只剩下废墟。诗人在对汉朝兴衰的凭吊中，慨叹大唐帝国的江河日下。"这里充分体现出作者与诗人精神世界的高度融合。

文章最难是真情。本书最高妙的地方是冯渊老师给我们揭示出这些伟人不同侧面的情感世界，而这常常是语文课本和语文老师所忽略的。比如他写胡适时说："关注一个人的情感世界是走近这个人的最好方式。"他写了许多关于胡适的生活细节后说："浪漫的故事常常柔化了伟人挺拔伟岸的身影，让人生出一份亲切来，但伟人终归是伟人。"作者给我们展现了一个我们过去所不知道或知之不多的胡适先生，尤其是他的情感世界。

冯老师写国外伟人堪称一绝。写安娜·阿赫玛托娃，他用多难的一生形容这位作家，"既然没有爱情和安宁，请给我苦涩的荣誉"，诗人的诗句就是她多难一生的最好概括。写日本作家川端康成，作者突出他的"生之感伤，爱之徒劳"。写俄罗斯伟大文学家屠格涅夫则概括为"痴情与薄幸"。冯老师说屠格涅夫"毕生都被一种男女之间鲜明的性格对照所困扰"，说他"老是让爱情滑向友谊，因为他害怕生活"。直到晚年屠格涅夫才说："结婚吧，年轻人。你们想象不出光棍汉的晚年是多么凄凉。"读冯老师这些文字的时候，我无论如何也找不到读《罗亭》《猎人笔记》的那种感觉，因为我们太不了解作家丰富而独特的内心世界了。我们只知道屠格涅夫终身未娶，却不知道他如此多面而复杂的心理特征，直到他去世的时候，他61岁的情人波丽娜·维亚尔多一直守候在他身边。冯老师以《破碎之心看瞬间之美》为题写英国唯美诗人王尔德，使人对这个才华横溢而又情感放荡无忌的诗人多了另一番了解，原来快乐王子并不快乐，原来真爱总是要碎心，正如冯老师所感慨："他曾飞翔在天上，心破碎了，回到人间，也没有归宿。最后，他告诉我们，好好经营自己的生活吧，如果还希望有一丝快乐。"

我们常说语文教学充满人文性，却很少去思考人文性体现在哪里。我以为，这些课文作者身上闪烁着的人生经历之花，无论多平常或多诡异，都值得读者细细玩味，因为他们给人类留下了一篇篇不朽的作品，使人类多了些亮色。我想到了奥地利著名传记作家斯蒂芬·茨威格。他曾写过一本《人类的群星闪耀时》，这同样是一部短篇历史人物传记集。在这部作品中，茨威格选取了十二个改变和决定了人类历史的时刻，把一个个人的命运，一个个国家的命运甚至全人类的命运都压缩进这样一个个闪耀的时刻。

茨威格说："我想从极其不同的时代和地区回顾群星闪耀的某些时刻——我这样称呼那些时刻，是因为它们宛若星辰一般永远散射着光辉，普照着暂时的黑夜。"的确，以同样的心情翻阅冯老师的这本书，我同样感觉到作为最最平凡的众生之一，我们是这样籍籍无名，庸庸碌碌，可是当我们看到这些人类群星闪耀时，依然会油然而生一股身为同类的骄傲，并为此深深感动。也许本书对成绩无益，也许高考指挥棒在这里不灵，但它给予每一位读者的心灵震撼和启迪将会是分数、状元和所有功利化追求所无法企及的。通读全书，我深深感到本书于每一个人心灵的提升、奔放与自由，于人类精神之途的漫游都是不可或缺的。

郁达夫曾经说过："没有伟大的人物出现的民族，是世界上最可怜的生物之群；有了伟大的人物，而不知拥护、爱戴、崇仰的国家，是没有希望的奴隶之邦。"让我们暂且不要想着自己成为伟人，先学会欣赏伟人。当下有句时髦话是仰望星空，对，仰望星空就先从仰望伟人开始，不妨从读本书开始。

是为序。

普希金　昔日不会重来

　　这几天一直在看普希金文集。午夜，伴着《昔日重来》的乐音，读他的抒情诗，心头惘惘，不免废书而叹：这样一个人，原本就不会在人间待得太久。待读完十卷本文集，脑中出现的关键词是：昔日，不会重来；无论爱情，还是时光。转换成最为俗气的表达方式便是：拥有时无法不厌倦，失去了才知道最可贵——善感敏锐的诗人无法逃脱这样的宿命。

　　多年前我读过查良铮译的普希金抒情诗，抄写过近万字的长篇论文，文章的核心词是：普希金——透明的忧郁。今天，我仍将顺着"忧郁"一词，梳理诗人的内心世界，试图解释诗人生命中那些不可能重现的时光，以及为了追回这些不能再现的时光，诗人付出了怎样的代价。

早慧与早夭

普希金生于 1799 年 6 月 6 日，1837 年 2 月 10 日因决斗而不幸去世。知道普希金名字的人几乎都知道他这种特殊的死亡方式，也为他的英年早逝而扼腕不已。如今且从他的决斗说起。

决斗是俄罗斯贵族社会为捍卫名誉的一种极端方式。普希金在多篇诗文中写到决斗，其中有他自己的经历。譬如小说《射击》，是依据诗人的一段真事创作的。1822 年普希金跟一个叫佐波夫的军官决斗。当对手向他开枪时，普希金正捧了一把樱桃当早饭吃。佐波夫首先开枪，没有射中。普希金没有开枪就走了，也没有跟对手讲和。——普希金喜欢这种方式，他的血液里有不少反叛

圣彼得堡国家博物馆前的普希金塑像

因子，包括他对十二月党人的同情和歌颂，他和沙皇之间极为紧张的关系，他多年的流放生涯等等，都与他个性中的桀骜不驯有关系。诗人绝对不是一个文弱书生，他崇尚勇武精神，也身体力行，曾像拜伦参加希腊战争一样参加过俄国和土耳其的战争。

其实，在他 1837 年决斗丧生前，他就多次挑起事端，与人

决斗，所幸每次都无大碍。他曾仔细描述过因决斗而死亡的血腥场面：

> 在决斗上，他是个专家和学究，讲究艺术和方法，他绝不能容忍一个人用随意的方式给人打倒……手枪拿出来，闪闪发亮。撞针铿锵地碰着杆条，子弹装进了光滑的枪膛，咔嚓一声，扳机已经扣好。接着，火药像灰色的细流缓缓地洒到枪盘里。牢牢嵌着的齿形的火石给扳在上方……"好了，往前行进！"两个仇人还没有举枪，平静、冷酷，每人都以坚定的步履往前整整迈了四步，呵，迈上了死亡的四道石级……看，接着他们已经又走了五步……砰的一声，这一声是末日的钟响……年轻的诗人就这样早早地结束了一生！美丽的花呵，还当生命的清晨，就已在暴风雨下摧毁，凋落。呵，永熄了，神坛的火！

一语成谶，诗人好像是描述自己的末日。后世普通人要追问，他干吗非走极端呢？不深切体味诗人的个性和诗人当时遭遇的苦楚，任何隔靴搔痒、四平八稳的评论都显得十分无聊。

普希金从小就有过人的才华，12 岁时，他进入为宫廷贵族子弟开设的皇村中学。在升级考试中，普希金朗诵了自己创作的抒情诗《皇村中的回忆》，这首诗使在场的著名诗人杰尔查文热泪盈眶，大加赞许。中学毕业后，普希金被派到彼得堡沙皇外交部服务。

涉世不深的浪漫诗人很快习惯了彼得堡的上流社会生活。19 岁时，诗人因同情一批反对沙皇的青年军官，写下《自由颂》，引起沙皇的不满，不久被流放。

普希金在流放期间，可能因为孤独，可能由于理想大受挫伤，有过一段放纵的生活。在一定程度上，这段生活影响了诗人的爱情观，当然，诗人终究会从纷纭错乱的情感中走出来，并以纯洁的精神清洗这段尘世的腐朽记忆。

有一度，普希金热恋过，也憔悴过；品味了幸福，也咀嚼过痛苦；被别人伤害，也伤害别人，真情假意全都经历。对他来说，爱情似乎早已成为一本过时的传奇小说。"从很早，他懂得怎样逗引惯于谈情的风骚妞儿上钩，还有意惹得她心神不宁，然后踢开心目中的敌手！"——他这样写叶甫盖尼·奥涅金，其实也是夫子自道。

随着时光流逝而变冷的爱情

娜塔丽娅·冈察洛娃

1828 年 12 月 6 日的舞会上，普希金认识了娜塔丽娅·冈察洛娃。冈察洛娃貌美惊人，能歌善舞，还能说一口流利的法语。普希金疯狂地爱上了她。1829 年 5 月，普希金的求婚遭到拒绝。当夜，普希金带着绝望的心情离开莫斯科前往高加索。此时俄国与土耳其的战火正酣，诗人希望投入战争，忘却个人感情的痛苦。1830 年 4 月 6 日，普希金第二次求婚，不知为何竟大功告成。无比幸福的普希金满面春风。诗人对婚姻十分满足。他告诉朋友们：我结婚了，真快活！我不再希冀什么。

——这是诗人一时的激情。要么普希金对冈察洛娃慢慢厌倦，要么冈察洛娃与普希金无法心神交融，两者同样都会让诗人痛苦。我们已经知道，普希金的悲剧是后者。

即使是前者，也难逃悲剧结局。普希金对某个女子的厌倦不是什么新鲜事，他不是一个能停止爱情的人，除非爱情的对象跟他一样有着丰富的精神世界，而且随时能与他碰撞出情感的火花。还有，这个女子必须既美丽灵巧，又善解人意，聪明可喜。事实往往是：美丽的不一定喜欢他的诗歌和狂热性情，有着忧郁诗情的未必能让诗人长饮那幻想的爱情纯醪。总之，就算对方不厌倦他，诗人也一定会厌倦这份固定的情感。下面是诗人的心声：

> 如果我愿意今后的生活承受着家庭的约束；如果友善的命运指定我，去当一辈子父亲和丈夫；如果，即使仅仅有片刻，家庭之乐的图景令我神迷——那么，除您以外，坦率地说，再没有人更适于做我的妻。这些话绝不是美丽的词句，如果是从前，我会选择您做我孤寂岁月的伴侣。您正是我从前的意中人，您是那一切美好的保证，我会快乐……请相信吧（我以良心保证）：别管我的爱情怎样热烈，随着时光流逝，它就会变冷，我们的婚姻将痛苦地终结。您会哭的，但您的眼泪不但打动不了我的心，反会激怒我把您怪罪。请想想：婚姻之神将给我们以怎样的蔷薇洒在道上，呵，这道路又是多么漫长！世上有什么比这更悲惨：请想，假如有一对夫妇——可怜的妻子日夜孤单地想着那配不上她的丈夫；而厌烦的丈夫，虽然明知妻子贤惠，却不免皱着眉头发脾气……这就是我。

> 岁月、梦想，都一去而不回，我的心灵也无法再生……

我把您看作年幼的妹妹，也许，我爱您胜过长兄。您听着，但请不要恼怒：就像小树，每年的春天，都要披上新绿的装束，年轻的女郎也时时更换她飘忽的幻想，一次又一次……这是天命，谁能够违反？您会再去爱别人……但希望您能对自己克制：并不是每个人都了解您，冒失会给您带来不幸。

年轻的诗人根本就不想去做一个安稳的丈夫。在诗人的眼里，世俗的家庭生活与诗情是水火不相容的。当普通男女为婚姻而恋爱时，诗人为诗歌而选择了永远被放逐——政治上被沙皇放逐，感情上他自己将自己放逐，年轻飞扬的诗人看不见眼前的爱人。

在他的抒情诗中不乏优秀的俄罗斯少女。她们是诗人情感世界的匆匆过客。

那些少女的爱情幻想，犹如播种在土壤里的种子，经过诗人春日和煦阳光的照拂，一下子就发芽疯长了。她们的幻想蓬勃，她们做着惆怅而柔情的梦，很久以来，她们的胸中就已积压着情愫和郁闷，她们在期待着……他来了，打开了她们的视野，她们苍白的脸庞开始绯红，她们的颊上挂上了冰凉的泪珠。

俄罗斯少女对诗人说：

起初，我本想保持沉静，那么，您就不知道我有怎样难言的隐情。只要我能听见您的声音，并且和您有一两句闲谈，以后就盘算这一件事情，直到再一次会见。为什么您要来访问我们？否则，在这冷僻的地方，我就一直也不会认识您，也不会感到痛苦的熬煎。也许，这灵魂的初次波澜会随着时间消沉，创伤会平复，而我将寻到另一个合我心意的人，成为忠实的妻子，慈爱的母亲。——另一个人！呵，绝不！我的心再没有别人能够偷走！这是上天的旨意，我是一心一意地爱着您，我将永远是为您所有。命中注定我必然和您相见，我知道，是上帝把您派来的，保护我直到坟墓的边沿……只有您的目光能够点燃我内心的希望……羞耻，恐惧，都已让我窒息，但我只有信赖您的正直，我将向您大胆地呈献自己。

普希金多次经历过这样的爱情，多次俘获女子的芳心，包括流放期间一些上流社会的贵妇人。他和女人不过是厮混，其实心里早没有兴趣。他虽然也在情场上角逐，得手并不欢喜，放手也不惋惜。他渐渐厌烦了不费力的俘获，一切都使他感到满足；他用空洞的笑声掩饰厌倦的呵欠。就这样，从20岁到28岁，一生中最好的年华被他"糟蹋"了。

普希金熟悉爱情的所有细节。在他的作品里，对情窦初开的少女的爱情描写细腻深沉。他读过的书，女孩子一页一页翻过，发现在这些书里，很多地方留有清晰的指甲痕迹。女孩子看到它们，更增加了阅读的兴趣。从这里，她战栗地看到是些什么思想、什么语句，打动了诗人的心，他对于什么表示同意。在书页的边沿，她看见他用铅笔写的一些话——他把心灵流露在自己的笔下：这里一个问号，那里一个简短的字，或者一个叉。

女孩子默默地在纸上写下他的名字。大的，小的，精致的，潦草的，张牙舞爪的，温情脉脉的。这世间所有的少女，在爱情萌发的时候，表现大同小异。诗人见过女孩子在窗玻璃上一遍遍划下心爱的人的名字，再温柔地呵出热气融化它们；看到女孩子在沙滩上小心划出那个隐藏在深心里的名字，又在海浪里化为一片流沙；看到过女孩子在演算用的草稿纸上，在字母和公式的字里行间，无意识地写下让她感到最甜蜜的名字，又用橡皮轻柔地擦拭掉……

因为诗人而萌生爱情的女子，经历了这世间最强烈的情感体验，诗人的心灵唤醒了女子最深的情感潜力。可是，普希金无一例外地拒绝了这些美好的心灵。因为他知道，厌倦的魔鬼会使他伤害这些无辜的灵魂，他孤傲地选择了回避。直到他遇到冈察洛娃。

流放生活使诗人备受煎熬，虽然说"愤怒出诗人"，那毕竟指的是诗歌作品。对诗人的日常生活来说，被当局看管、一再流放的日子里，诗人更加渴望友谊和爱情的支撑。

诗人对普通女子一再拒绝之后，遇到了美貌绝伦的冈察洛娃。冈察洛娃的美貌的确满足了诗人对爱情和虚荣的想象，可惜聪明绝顶的诗人怎么也不明白美貌不是女子的全部。这是个滥俗的话题了：诗人如果听命于沙皇，就不会遭遇流放；诗人如果深情而坚定地爱上热爱他的善良多情的女子，那么就没有以后的一切不幸和导致死亡的决斗了。可是这种假设是无聊的。反抗的天性、富有创造力的生命、充满激情的生活、对完美爱情的渴望……这才是诗人生命的要素。不遇上冈察洛娃，诗人仍会在感情领域嬉戏；就算冈察洛娃从一而终地爱着诗人，诗人也未必不会感到厌倦，而重蹈覆辙。

这就是本文开始的感慨：诗人太强烈的生命力，使得他的一生相当于普通人的几生，因此他不会在人间待得太久。太久，会使诗人无比厌倦，包括参加革命、经历狂热的爱情，都不足以拯救沉溺于想象和激情之中的诗人。

普希金没有在他的作品里描述他是如何追求冈察洛娃的，也没有写他与妻子的性格差异造成的家庭矛盾，更没有写妻子的红杏出墙给他带来了怎样的痛苦。我们知道的是，不到七年的婚姻生活，他们留下了两个女儿和一个儿子。普希金小时候没有得到父母的细心照顾，是祖母给了他童年温馨的记忆，是奶妈讲述的俄罗斯童话传说开启了诗人的心智。估计普希金夫妇也不会留多少精力照顾他们的儿女。这一阶段，诗人完成了七年前开始创作的诗体小说《叶甫盖尼·奥涅金》的最后一章，还有长篇小说《上尉的女儿》《黑桃皇后》和童话《渔夫和金鱼的故事》等重要作品。

爱神走开了

《渔夫和金鱼的故事》是俄罗斯古老的传说：老渔夫捕了一条金鱼，在金鱼的哀求下，善良的老人将金鱼放回了大海，但是老太婆不依不饶，要渔夫一而再再而三地向金鱼索求房屋、金钱甚至王位。故事的结尾是：

> 当金鱼了解到老太婆的野心后，它沉默了，接着把尾巴摆一摆，便游进了海底深处，再也没有出来。结果，老太婆又变成了原来的模样。

这个故事也可以用来诠释普希金的爱情。诗人索要了太多的爱情，有短暂的风流韵事，也有全身心的投入燃烧。最后，爱神抽走了一切，只剩下诗人无限的懊丧。

自1817年皇村中学毕业到1820年第一次被放逐，这三年间，普希金初露锋芒，创作了《自由颂》等名篇佳作。从1820年到

1826 年，普希金两次被流放，先后在高加索和自己的故园米海洛夫村，完成了长诗《茨冈人》和《高加索的俘虏》等名篇，并开始写作《叶甫盖尼·奥涅金》。

1823 年，他爱上了沃伦佐夫将军的夫人伊丽莎白。沃伦佐夫自小在英国长大，颇具绅士风度，当时是普希金的保护人，但后来和诗人交恶。沃伦佐夫请求沙皇免去普希金的一切职务，将诗人再度流放。伊丽莎白是波兰人，妩媚娴雅，普希金默默地爱上了她。像前面描述的情窦初开的少女一样，普希金在他的诗稿旁边，画了这位夫人许多美丽的侧影，并留下了一系列抒情诗作。成熟的诗人仍不免像小姑娘一样忘情，可见爱情是怎样使人迷狂。

1824 年 8 月，普希金被软禁在故乡米海洛夫村，直到 1826 年 9 月新沙皇尼古拉一世将诗人召回莫斯科。这期间，与诗人交往最多的是他少年时就认识的奥希波娃一家。

奥希波娃的两个女儿——姐姐安娜和妹妹姬姬同时爱上了诗人。安娜显得更为主动，但诗人更爱的是妹妹姬姬，著名的诗作《假如生活欺骗了你》就是献给姬姬的。

凯恩

1825 年夏天，姬姬的表姐凯恩来到舅舅家度假，普希金经历了一场真正激烈、狂热和刻骨铭心的爱情。六年前，诗人在彼得堡时就与凯恩相识，第一次相遇，诗人就爱上了凯恩。三年前，凯恩嫁给了一个垂暮的老将军。这次重新见面，凯恩已与丈夫离婚。这段爱情无比炽烈，但为时短暂，诗人还创作了爱情诗的巅峰之作《致凯恩》：

> 我还记得那美妙的一瞬，你在我面前飘然地出现，宛如纯真的美的化身，宛如瞬息即逝的梦幻。在那无望的哀愁的苦恼里，在那喧闹的浮华的惊扰中，我耳边萦绕着你温柔的声音，我梦见了你那亲切的面容。几年过去了。一阵狂暴的风雨驱散了往日美好的梦想，我淡忘了你那温柔的声音，和你那天仙般美丽的容颜。在偏僻的乡间，在幽禁的日子，我无所希求地虚度着光阴，失去了歌咏的对象，失去了灵感，失去了眼泪、生命，失去了爱情。如今我的心灵又苏醒了，你又在我面前飘然地出现，宛如纯真的美的化身，宛如瞬息即逝的梦幻。我的心在欢乐中激烈地跳动，在它里面又重新萌生歌咏的对象，萌生了灵感，萌生了眼泪、生命，萌生了爱情。

无论是深切真实的爱情，还是蜻蜓点水的游戏，一切都在时光的灰烬里沉寂。回想这一切，我们不禁忧郁伤感：青春来得真是徒然。诗人不断追逐爱情，不断对"她"变心。美好的愿望和新鲜的梦想，都像秋天衰败的叶片，一一凋零。最后让诗人失望、焦躁、含垢忍辱的是冈察洛娃。金鱼拿走了给老太婆的一切，冈察洛娃拿走了普希金对爱情无止境的渴望。

为爱情焦灼，为曾经火热的爱情烧成了残灰，诗人并不缺乏这方面的想象和体验：

> 她已不是那个怯懦的姑娘，那么爱他，那么单纯、可怜，而是这淡漠的公爵夫人……呵，这高贵而冷淡的夫人，这舞会的皇后，在她身上谁还敢找出那柔情的少女？而他曾使她那么心神迷惘！为了他，她那少女的心在幽寂的夜里，

> 当梦神还没来翱翔，曾经忧思寸断，对着明月，她悒郁的眼睛曾经幻想：有一天，要和他一同走上生之卑微的途程！

疯狂热恋他的女子长大了，成熟了，从少女的迷梦中醒来了。当初他不在乎的爱情，如今因为昔日不再重来而变得异常珍贵。诗人在无限痛苦中反省，在绝望中追逐。爱情没有改变，只是双方的角色改变了。我又想起一句滥俗的话语：想当年金戈铁马，到如今死缠烂打。现在轮到诗人爱得发狂，他在给她写信，哀哀求告：

> 我们过去偶然结识，我曾看到您的柔情的火花，我踌躇，不敢过于相信：我不愿意让自己心猿意马，独身生活固然令人厌烦，然而我还不肯把它放弃……（现在，我）必须时刻看到您，到处跟着您，寸步不离，把您的笑靥、您的凝眸，都一一收在我痴情的眼里，必须不断聆听您的声音，让灵魂渗透了您的完美，必须受您的折磨，在您面前消殒……为了您，我到处奔波，命运给我的限期已经不多，但我的日子却无聊地逝去……（我）流着泪，抱住您的双膝，向您吐诉一切：恳求、忏悔、埋怨，一切和一切，倾泻无遗。

当年在爱情里沦陷的小姑娘长大了，她现在是公爵夫人。她用一只手支着面颊，眼泪像泉水似地流下。这一刻，她全身颤抖，两眼注视着匍匐的诗人，默默无言，既不惊诧，也没有怨怒……在她心里以前的梦想，逝去的种种，重又唤醒了那单纯的少女。她的眼睛一直看着他，任他跪着，并不扶他起来，她那冰冷无情的手也不从他炽热的嘴唇上拿开……终于，她对他轻轻地说：

> 您可还记得那一刻，仿佛是命运注定在花园里，在林荫

路上我恭恭敬敬听您的教诲？今天，也轮到我来说上一篇。那时候，我比现在年轻，因此，也好像更为纯真，我爱过您，可是怎么样？您的心里有什么反应？我看到的是什么？只有冷酷，是不是？一个普通少女的爱情对于您难道有什么新鲜？那冷冷的眼神、那篇教训，呵，上帝！就是现在想起了，我还不寒而栗……但我不想怪罪您：对我那一刻的狂妄，您的行为是那么高贵，您在我面前是那么正确：我只有以整个的心感谢……那时候，您不爱我，是不是？但现在，为什么您又追逐我？为什么我又成了您的目标？难道不是因为如今的我成了上流社会的人物，因为我现在富豪、显赫，因为我丈夫有战功、受过伤，得到宫廷特别的宠幸，而我的荒唐、失足，将会被所有的人们传为笑柄，这样，也许就可以使您在社会上，自炫为"情圣"？

对于我，奥涅金，这种豪华，这种可厌的生活的浮夸，这富贵场中对我的推崇，这些晚会和这漂亮的家，它们算得什么？我宁愿抛弃这场褴褛的化装表演，为了那一架书、那郊野的花园和我们那乡间小小的住所，我宁愿仍旧是那个地方：奥涅金，我们在那里初次相见，我愿意看到那荒凉的墓场……幸福消失了，但它曾经是多么挨近……而现在，我的命运已经注定了……我结了婚。您应该——我请求您——立刻离开我。我知道您的为人，您一向为人正直，自视很高。我虽然爱您，我又何必说谎，但我已经属于别人，我将要一世对他忠贞。

这是普希金以男性的视角在描述他的爱情经历，他觉得爱过他的女子，仍会一生一世依恋他，只是身体上忠实于丈夫，灵魂上仍不能忘怀她宝贵的初恋，仍高贵地保持了她的贞洁。法国作家左拉甚至认为，女子终其一生，不管情感多么曲折，都会在历尽千辛万苦之后重新回到第一个恋人的怀抱。我只能惊叹这些男性的自信。

普希金写这些动人的诗句的时候，并未陷溺于自己情感的泥淖。他有那份自信，他觉得好多年后，爱过他的女子不管嫁给了谁，重逢时对他肯定还是一往情深，只是限于礼法，当初的情人才无奈地后退。——多么美妙，多么富有诗意的想象啊。

其实，当男人经历一次又一次情感的风暴，将飞絮蒙蒙、狼藉残红扫荡到一边，自己依然顾盼自雄时，女性也会在历经一段纠结的情感后，慢慢愈合创伤，依然如春天的小树，在新鲜的阳光下重新开始萌发她的青枝绿叶。

她们不会如此缠绵，如此痛楚地依恋那久远的往事。除非她一直所爱非人，一直在自虐的情绪里沉沦。普希金在遇到冈察洛娃之前没有意识到这一点，所以他在诗歌里依然动人地编派那死心塌地的姑娘，依然吟唱着让男性自豪的苦痛的恋曲。——没有的事！

死亡的休止符

出来混都是要还的。诗人伤害过许多无辜女性的心，他以为可以所向披靡，结果栽在一个最不值得的女性身上。普希金曾经意气风发，凌厉飞扬，现在面对冈察洛娃，他彻底没辙了。

冈察洛娃爱过他吗？她在精神和情感上跟普希金本来就不是

一路人。一开始冈察洛娃的母亲拒绝了诗人的求婚，以为自己的女儿凭借出众的姿色能引来富商巨贾或者官宦贵族，耽搁了一段时间并未如愿，诗人再一次求婚，终于得到应允。不过，岳母一直不看好这个要钱没钱，又老和沙皇闹别扭的毛脚女婿——冈察洛娃可是经常出入沙皇内宫的人！

诗人爱上冈察洛娃可能是冥冥中受到了诅咒，是一种天罚吧。

有的传记材料说冈察洛娃是受到丹特士无耻的骚扰，这位善良的妻子实际上一直对普希金无限忠贞，她受了不少委屈，遭人误解，仍然对普希金痴心不改。

有的材料说丹特士并非登徒子，对冈察洛娃，他也是动了真情，一如普希金经历了浪荡生活后，也在冈察洛娃这里收心。他俩真诚相爱，但为了普希金的体面，主动遏制了私情。

一般的说法是冈察洛娃爱慕虚荣，与诗人精神上无法沟通，除了受好色之徒丹特士的引诱，还与沙皇关系暧昧。普希金无论是从政治信仰还是家庭生活上都无法接受妻子的背叛。

这些说法都可以继续演绎下去。本文不想在这方面探幽发微，我只知道所有的说法针对的是一个结果：诗人失去了他完整的爱人。

我要强调的是：普希金曾经拥有过许多动人的爱情，对未来的无限渴望让他无法停下脚步，一直在追逐新鲜的感情。可是，当他主动休止在幸福的婚姻里，爱情却没有任何道理地离他远去，而且无论他怎样挣扎，都已经无力回天。就像多年前他在长诗《叶甫盖尼·奥涅金》里描述的一样，奥涅金曾经理智地拒绝过少女的痴情，他不在乎这个女孩子内心尖锐的痛楚和默默燃烧的深情，等到这个女孩子长大，嫁作他人妇之后，他又不可遏制地爱上了她。

一切都晚了，错过的东西不会重来，他已经永远失去了她。诗人借女主人公之口所说的"我一直爱您，我又何必说谎"不过是诗人的自作多情。我们可以将冈察洛娃看作是诗人以前爱过的所有女子的集合体。时光消逝，往昔的爱情不会重来。——这是一句多么通俗的话，许多人用了一生的时间都不能接受，无法参透。他们总以为有别的路径，可以通向遥远的逝去的时光。他们觉得，普希金这时还可以选择离开是非之地，离开伤心之人，主动放逐自己，让生活重新开始。

可是别忘了前文所描述的，诗人为了荣誉，不惜多次采取决斗的极端方式；为了信念，不惜多次被沙皇流放。普希金不是能含垢忍辱的人。为了荣誉和信仰，他要决斗。可是这一次，他失利了，对手先给了他致命的一枪。

我们再设想，如果诗人在这次决斗中胜利了呢，冈察洛娃能重新回到他的怀抱吗？不知道。沙皇会因此停止对诗人的迫害吗？应该不会。诗人会厌倦他已经拥有的幸福吗？随着时间流逝，可能会。真的这样，诗人自己也要厌倦吧。一切都在继续，一切都在重复。要么感情继续流浪，要么妻子的背叛让他羞辱痛楚。就算是他不离开这个世界，悲剧也会以另外的形式继续上演。

只有死亡，才能终结这个上了魔咒的、疯狂转动的陀螺。

普希金作品入选语文版语文教材、读本的有《渔夫和金鱼的故事》《假如生活欺骗了你》《致大海》，入选其他版本语文教材、读本的有《纪念碑》《一朵小花》《我羡慕你，大海的勇敢的船夫》等。

安徒生　和煦的冬阳

1805 年 4 月 2 日，安徒生出生在丹麦欧登塞。他的父亲是一名鞋匠，体弱多病。母亲长父亲几岁，是一名洗衣妇。安徒生在儿童时期十分依恋父亲，这个穷鞋匠对鞋匠手艺并不上心，喜欢讲故事，给儿子朗读诗歌。可惜安徒生 11 岁时他父亲就去世了，他因此辍学在家。这期间他在织工和裁缝那里当过学徒，还在一家香烟工场做过工。1819 年 9 月，14 岁的安徒生去了哥本哈根，由于声音好，他被丹麦皇家剧院雇佣；但变声期时他的嗓子坏了。歌唱家的梦想破灭后，他被荷兰皇家剧院接纳为舞蹈学徒。同时他开始写作。不久，安徒生得到皇家艺术剧院主管约纳斯·科林的帮助，后来他们两人成为终生朋友。

1822 年，在科林的帮助下，他被皇家艺术剧院送进文法学校免费就读。学习期间，安徒生住在校长迈斯利家里。迈斯利很不喜欢这个极度敏感的学生，想尽办法试图让安徒生的性格更加坚强。安徒生在学校里表现得很不合群，老师不太喜欢他。他身高185厘米，大脚，大约要穿48码的鞋子，尤其是鼻子很惹眼，常招人笑话。他后来说这些年是他生命中最黑暗和痛苦的时期。1828年，23岁的安徒生升入哥本哈根大学，这是他生命中的重大转折。可是毕业后他始终无工作，主要靠稿费维持生活。

安徒生的文学生涯始于1822年，那时他才17岁。1833年出版了长篇小说《即兴诗人》。不久，安徒生开始写童话，出版了《讲给孩子们听的故事》，一直到晚年，近四十年间他共写了168篇童话。

安徒生的创作可分早、中、晚三个时期。他的早期童话，或充满神奇美妙的幻想，如《打火匣》《小意达的花儿》《拇指姑娘》；或表达深邃的意蕴，如《海的女儿》《丑小鸭》等。中期童话，现实成分相对增强，童话里流露了一些忧郁情绪，如《卖火柴的小女孩》《影子》《一滴水》等。晚期童话基调低沉，多描写底层民众的悲苦命运，如《柳树下的梦》《幸运的贝儿》等。

安徒生终生未成家，1875年8月4日，70岁的安徒生病逝于朋友——商人麦尔乔家中。

生活中的情感：光荣的荆棘路

我为自己的童话付出了巨大的，甚至可以说是无可估量的代价。为了童话，我拒绝了自己的幸福，并且错过了这样的一段时间，那时，尽管想象是怎样有力，如何光辉，它还是应该让位给现实的。

据说，这是安徒生在临终前对一位年轻作家说的话。从这句话看来，安徒生好像对已逝的往事充满了遗憾。这句话与屠格涅夫晚年对自己的情感经历的总结颇有相似之处。

安徒生在160多篇童话中，写到爱情与婚姻的就有近50篇。而且安徒生笔下的爱情往往比现实主义文学里的爱情更纯粹，更完美，主人公总是一往情深死心塌地不求回报。可是令人奇怪的是，他本人几乎没有什么值得"炫耀"的艳遇，有的只是几次无望的爱情。

安徒生的初恋对象是里波格·沃伊格特。安徒生曾这样描写她：

> 她有一张可爱的、虔诚的面孔，相当孩子气，但从她的眼睛看，她很聪明，有想法，那对眸子是棕色的，非常生动。

在《守门人的儿子》中，他借文学作品描摹自己心目中的美丽女孩：

> 薄纱缎带中的，是她那颗善良的心灵。她像飘浮在风中的天鹅，轻盈地落在地上，其实，她并不需要翅膀，她所拥有的翅膀，仅仅是她心灵的流露。

在异国的寓所里，他们曾经一起点亮圣诞树。但长期的分离，使他们深藏在心底的爱情种子未能开花结果。1831年，里波格出嫁了，丈夫是一名化学家的儿子。1875年安徒生去世时，人们发现，他的脖子上挂着一个小皮袋子，里面装的是里波格结婚前写来的一封信。

让安徒生难以忘怀的女性是珍妮·林德。作家在《柳树下的梦》《老约翰妮讲的故事》《依卜和小克丽斯汀》《单身汉的睡帽》中不断重复这个哀伤的故事。珍妮·林德是瑞典歌唱家，有着"瑞典夜莺"的美名。安徒生与林德的初次交往是 1840 年，他去拜访珍妮·林德，后者很有礼貌，但却相当冷淡。1843 年春天，珍妮·林德在读了安徒生的作品后，对他的态度有了改观。安徒生在自传中写道：

> 对于我成为诗人，任何书，任何人都没有比珍妮·林德的影响更好、更崇高的了。在我的经历中我幸运地发现，由于我对艺术和生活有了更清晰的理解，便有更多的充沛的阳光射进了我的心田。

可惜，珍妮·林德对这位丹麦作家没有什么感情。只要他在身边，她就尽可能地表现出厌烦和冷淡，可痴迷已深的安徒生没有注意到这些。某天深夜，他们参加一个大型宴会回来，安徒生和林德及另一对夫妇回家。美丽的月下，安徒生的浪漫之情油然而生，就在他要表达爱慕之情时，林德说："喂，安徒生，走快点，其他人都快到家了！"从安徒生日记来看，这期间他"非常沮丧"，感到"浑身无力"。安徒生对林德的爱恋从未消失，直到后半生仍在微弱地燃烧。他曾经说："我在用一个兄长的全部灵魂热爱着她。"

在世俗眼光看来，男女之情转换为兄妹之情或者父女之情，是对爱情绝大的嘲讽。也许是为了挽救已经失去的恋情，也许是迫于现实的压力必须矫正两人的关系，当然也可能是拒绝的一种变相表达，文学作品中最著名的例子就是《西厢记》里的崔莺莺母亲的赖婚，崔母不想让女儿嫁给张生，遂让张君瑞与崔莺莺以兄妹相称。

在安徒生一生中，还有许多相处甚好的"姐妹"，如杰特·

科林、玛蒂尔德·奥斯特等，她们要么年纪太小，要么已婚。安徒生那不稳定的性格以及易受暗示的性情，使得他很容易在任何时候和一个合适的人坠入爱河。他不加分辨地谈着恋爱，从来没有考虑到底会不会有结果。他作品中的人物也是这样一往情深义无反顾：《雪人》中的雪人不可救药地爱上了火炉，它悲惨的结局可想而知；《坚定的锡兵》中的锡兵生命被融化，一颗赤子之心却留了下来。

诗人如此多情，对感情有如此纯粹美好的想象，但在现实的爱情中却屡屡受挫。可贵的是，在经历了几次失败的恋情之后，安徒生对真爱并未失去信心，相反，执著的爱一直是他心中最神圣的感情，哪怕已经"变化"为兄妹之情。虽然没有血缘关系的男女，很难维系这种原本不存在的"亲情"，不过，安徒生做到了这一点。

许多人在爱情受挫后，调整心态，另觅对象走向婚姻，但安徒生却走向了另一条路：由于现实中爱情领地不断被摧毁，安徒生不断"退让"，最后选择了柏拉图式的爱情，拒绝任何真实的婚姻生活，也因此留下了许多忧郁却不失温暖的童话。如我们最为熟悉的《卖火柴的小女孩》——尽管境遇悲惨，然而"她对世界没有怨恨"，甚至在死的时候还带着微笑。在安徒生看来，哪怕弱小如卖火柴的小女孩，也有神圣的梦想权利。安徒生认为每个为"真正的光荣"奋斗的人，他的一生都是一条充满荆棘的路。"光荣的荆棘路"是证明神性存在的过程，在丑小鸭未证实自己是小天鹅之前，无论你所处的地位是如何卑微，所受的辱骂是多么不堪，这些都不会妨碍你的神性。处在卑弱环境中的人要明白：你是被上帝选中的人。

人生的道路也就是天路历程

关于他终身未娶，上文做了一些分析。安徒生去世一百多年，不少传记作家也竞相给出解释，大致有以下几种猜测。

第一，自卑说。

安徒生多次在书信和日记里说，"由于我长得丑并且将永远贫穷，谁也不会愿意嫁给我""如果我长得漂亮，或者有钱，又有一小间像样的办公室，那我就会结婚成家"。

安徒生

一个男人要丑到什么程度才让女人望而却步？猪八戒说得好："粗柳簸箕细柳斗，世上谁嫌男人丑？"女性敬慕男性的不是外貌，而是才华和智慧。安徒生的外貌也许不会吸引某些女性，但不至于因为丑陋而终身不婚吧。安徒生同时代的画家曾说安徒生"有一副令人印象深刻的漂亮外表"。据此我们可以推测，外貌不是他婚姻的障碍。至于金钱，也不是问题。30 岁以后，安徒生就陆续出版小说和多部童话故事集。1838 年，丹麦国王还赐给他一笔每年 400 银元的年金。他在给友人的信中说"幸运的是，我不用担忧任何经济问题"。

所以，我不赞同这种自卑说。

第二，童年受伤说。

有人根据安徒生同时代作家撰写的关于安徒生的传记材料指出，安徒生终身未婚可能另有隐情。安徒生的祖父患有精神病，住在精神病院。童年时期，有一次祖母带他去看祖父，他冒险走进通往关着危险病人房间的走廊。他透过窗户看见一个一丝不挂的女人披头散发，坐在草堆上大声唱着什么。突然，疯女人从窗户里伸出手臂，要勒住他，安徒生受了严重的惊吓。那个肮脏而丑陋的老女人的裸体给他留下了相当糟糕的记忆。1832 年他在自传中写下这样一段话：

> 我只喜欢和小女孩在一起；我至今仍然记得一个 8 岁的漂亮小女孩吻我的情形，她对我说，要做我的心上人。我非常开心，所以总是愿意让她亲我，尽管我从未主动吻过她，除了这个小女孩之外，我从来没有让任何一个女性吻过我。一般情况下，我对年纪超过 12 岁的女孩总会有一种难以名状的反感，和她们在一起，我真的会发抖。我甚至用这样一个词来形容我讨厌接触的所有东西——"变态"。

可怕的裸体疯女人成了一切成年女人的肉体的替代物，因此他害怕和任何成年女子有亲密的身体接触，于是转向纯洁的精神之恋，这也许是安徒生恋爱不成功的原因之一。

如果这种猜测正确，那么，可以说心理疾患在某方面成就了伟大作家。精神之恋是人类最美好、最神圣的情感之一，也是文学永恒的主题之一，只是在后世普通人看来，当事人没有享受到完整、完美的爱情，未免太可惜了——他们在"青女素娥俱耐冷，月中霜里斗婵娟"里品味孤独的痛楚，提升了情感品质和精神境界，当然也令人无限景仰。

第三，同性恋说。

一个人完全可以同时爱上许多人，因为他可以用不同的方式爱着每一个人。

> 仅仅爱上一个人太没有意义了；但爱所有的人则又太肤浅了；认识你自己，去尽可能地爱更多的人。然后以一种特殊的方式把所有爱的力量隐藏在你的心灵深处：当一份爱占据了你全部的意识之时，便全身心地去浇灌它。这就是乐趣，这就是生活。

这是与安徒生同时代的丹麦哲学家、存在主义之父索伦·克尔恺郭尔的一段话。克尔恺郭尔认为，存在就是由痛苦、烦恼、孤独、绝望、情欲、热情等情绪构成的个人的存在，个人不断地超越自身趋向上帝，人生的道路也就是天路历程。这段话，阐述了安徒生异乎寻常的寻爱之旅，不仅包括女性，也涉及若干男性。

有人认为，安徒生的爱情投射到了皇家剧院院长约纳斯·科林的儿子爱德华身上。安徒生和爱德华之间保持了将近五十年的书信往来。安徒生试图寻找一种存在于男性之间的特殊友谊，但是所有这些人都只和安徒生维持短暂的敏感关系，然后便因为订婚和结婚而消失在这段友谊之外，安徒生感叹："每当我听到某个人已经订婚的消息，就陷入到痛苦当中！尽管上帝知道，对于每一个离开我的人，我都付出了比别人更多的爱。"

虽然男性在很大程度上占据着安徒生的梦想和思维，但也有人认为这未必就是同性恋。从 1906 年爱德华的儿子编辑的《安徒生的最后一年》日记合集可以看出，安徒生在这方面完全是一个正常人。

本文不想在这方面辩诬，同性恋在今日也不是什么诬陷之词了。安徒生曾经爱上不同的男人和女人，他没有遇到合适的女性从而走进婚姻的殿堂，这是他自己的抉择；他也无法克服当时有关同性恋的社会禁忌，他从未越轨，他的不少经典童话及小说都是经历内心挣扎后创作的。这一点，他不同于晚生他近半个世纪的王尔德。王尔德个性奔放，在个人情感方面敢做敢当，创造了具有强烈对比色彩的、辉煌至极的爱与美的童话，仿佛一道刺目的夏日骄阳；安徒生则忧郁温和，在挣扎中含蓄内敛，将苦痛的情感化为神性的信仰，宛若一束冬天的阳光，温暖所有处在人生卑弱处境、感情纠结境地的芸芸众生。

童话中的深情：《海的女儿》及其他

何谓真爱？这是一道无解的谜题。下面试图提供一点答题思路。

一般意义上的真爱，是两心相许，身心交融，走进婚姻殿堂。"所有的故事只能有一首主题歌，所有的爱情只能有一个结局"，这是通俗的说法。但是这世间的真爱绝对不只是这一种形式，要不然怎么会有那么多凄恻的情歌和忧伤的诗文。

拥有真爱但爱的过程却摧肝裂胆的悲剧故事，大致有以下几种情况：

第一，相爱不能相守。这里还可以细分为两种：其一，外力压迫，如梁山伯和祝英台，《孔雀东南飞》里的焦仲卿和刘兰芝等；其二，伦理道德的压力大于内心真情，著名的故事有唐代诗人李商隐和女道士，清代词人朱彝尊和他的姨妹。其实，后一种更让人难以为怀。前一种还可以成为反封建的"烈士"，后一种因为担心遭受道德家的唾骂，遂在内心无形的道德压力下自我分裂，在压抑中耗损情感，在挣扎中血泪斑斑。最通俗最著名的诗句有唐代无名氏的歌谣"君生我未生，我生君已老。恨不生同时，日日与君好"，还有柳宗元的"春风无限潇湘意，欲采蘋花不自由"（《酬曹侍御过象县见寄》），张籍的"君知妾有夫，赠妾双明珠。感君缠绵意，系在红罗襦……还君明珠双泪垂，恨不相逢未嫁时"（《节妇吟》）。最后一首虽然另有寄托，但后世往往将错就错，将它当作无奈爱情的一种表白。

第二，一方痴情一方无意，所谓"落花有意随流水，流水无心逐落花"，因而"花红易衰似郎意，水流无限似侬愁"。一方的拒绝使得另一方的感情得到升华。最经典最感人肺腑的故事便是歌德《少年维特之烦恼》了。维特在小说里开枪自杀，他死了，形象永远留在世界文学的画廊。歌德在写作中宣泄了他的痛楚，写完这部作品，他从绝望的情感中解脱出来。

第三，一方死心塌地，一方毫无知觉。奥地利作家茨威格《一个陌生女人的来信》就是典范，国内上世纪曾将此作改编成电影，更名《巫山云》。年轻的生命阅读这种作品，没有不感叹唏嘘的。茨威格的感情故事多描写人类含蓄、高尚的情愫。他笔下的女人，多有着一份善良的心肠，固执的追求。她们一心景仰的，是心中认定的高尚的东西，她们甘心用一生的痴情去庇护心中的偶像。这种故事在西方经典小说里数不胜数。

另外一篇表现这类绝望情感的就是安徒生的著名童话《海的

女儿》。

对于这篇名作，美学家潘知常说：

> 这是一个关于爱、眼泪和"不灭的灵魂"的故事，蕴涵了西方关于爱的全部思考。《海的女儿》并不是对"人性"高贵的赞美诗，而实在是对超越性的"神性"之爱的一曲颂歌。

> 安徒生的创作中并没有仇恨，他的心中也没有仇恨。

> 可怜的小人鱼最后选择的是杀死自己。因为杀死王子也就意味着杀死了自己的选择，杀死了自己的坚持，杀死了自己的爱情。但是，她——仍旧含泪地向王子张望……这就是爱！在爱的世界里没有"应该"与"不应该"，只有"愿意"还是"不愿意"！只要愿意，就是幸福的。小人鱼是为了爱而化成泡沫的，她是幸福的。永远坚信爱能够为自己"创造出一个不灭的灵魂"。《海的女儿》对于"爱"的思考是痛苦的，"利刃上行走"最终指向了爱的升华。

选择杀死自己，在一个传统的中国人看来，这是非常令人费解的。

我们还是看看安徒生是怎么描述的：

> 小人鱼并没有感到灭亡。她看到光明的太阳，同时在她上面飞着无数透明的、美丽的生物。透过它们，她可以看到船上的白帆和天空的彩云。

这种爱伴随了我个人的成长。真正的爱是成全对方，无私付出。我相信，爱别人，是一种了不起的能力。世俗生活中，芸芸众生盼望得到别人的宠爱，盼望有那么一个"陌生的女人"，有一位海的女儿，为了他自己，在刀尖上行走。这是自私的。

安徒生告诉我们，爱意味着坚忍，仁慈；意味着不嫉妒；不自夸，不自私；意味着包容；对一切有信心；对一切有盼望；对一切能忍受。

我们都知道，不自私、不嫉妒是不可能的，所以，安徒生是用人间之砖砌成天堂之门。爱，从来就是一件神圣的、极不容易的事情。

就算是遂愿的爱情，要想在婚姻生活里享受爱情的伟大，仍需要爱的双方在繁冗的日子里保持清洁的容颜，仍需要努力保持坚忍的品性和宽容的情怀，而绝不是一味的陷溺。

上海世博会丹麦馆的美人鱼

正因此，我在 2010 年上海世博会的丹麦馆拍下美人鱼的照片时，心里无限感伤。那是一个盛夏的午后，阳光灼灼，美人鱼满眼都是忧伤。原来，她的脸这么瘦，她的表情如此忧郁。我想，爱情从来就不是单纯的享受，而是竭尽所能的付出；在付出中，人性方能得到神性的升华。

其实，安徒生的个人情感多是上述所说的让人揪心的第二种和第三种。不过，他总是在绝望的情感中找到出路，找到信心。虽然小人鱼马上要化成泡沫，但是，她不会灭亡，她发现，最终拯救自己的，不是寄托自己一生幸福的某人，而是"爱"本身。

现在太阳从海里升起来了。阳光柔和地、温暖地照在冰冷的泡沫上。因为小人鱼并没有感到灭亡。她看到光明的太阳，同时在她上面飞着无数透明的、美丽的生物。透过它们，她可以看到船上的白帆和天空的彩云……

"我将向谁走去呢？"她问。

"到天空的女儿那儿去呀！"别的声音回答说。"……你，可怜的小人鱼，像我们一样，曾经全心全意地为那个目标而奋斗。你忍受过痛苦，你坚持下去了，你已经超升到精灵的世界里来了。通过你的善良的工作，在三百年以后，你就可以为你自己创造出一个不灭的灵魂。"

小人鱼向上帝的太阳举起了她光亮的手臂，她第一次感到要流出眼泪。

——每次读到这些句子，坚硬的内心总是止不住战栗。这就是安徒生的伟大之处，哪怕是在最黑暗潮湿的地方，他仍要倔强地点燃一根根火柴，他的内心一定照耀着永恒的光亮吧。一遍遍读他的童话，我觉得，哪怕是在生命的冬天，他也是一个可以取暖的名字。爱，应该是甘于付出与自我牺牲的。安徒生坚信好事从不幸中诞生，幸福从痛苦中产生。这种信仰给了他极大的支持与安慰，使他相信：只有真爱，才会让人走向幸福。

安徒生作品入选语文版语文教材、读本的有《海的女儿》《一个豆荚里的五粒豆》《坚定的锡兵》《一颗小豌豆》《卖火柴的小女孩》，入选其他版本语文教材、读本的有《丑小鸭》《皇帝的新装》。

屠格涅夫　痴情与薄幸

他总是吹皱一池春水

　　他的才华打动了她们的心，使她们为之倾倒……他满怀激情地进攻，被他追求的女子信任了他，并报之以同样的热情。但他很快发现自己生来就不适合对付强烈的感情，甚至对这类感情感到恐惧。于是，他胆怯地节节后退，被他追求的女子便感到十分沮丧，失望，对他产生了轻蔑……

　　他毕生都被一种男女之间鲜明的性格对照所困扰，一面是性格懦弱、神经质的年轻男子，另一面是热情奔放、意志坚强的姑娘；一面是过于深思熟虑的成年男子，另一面却正相反，是个大胆的、完全信赖生活的女子……

　　不能产生激情的人赞赏激情，并发现女子身上往往要比男子身上更容易有这般纯洁的感情……他并不在恋爱，只是他喜欢恋爱（列夫·托尔斯泰语）。他老是让爱情滑向友谊，因为他害怕生活。

可是，到了晚年，他又说了：结婚吧，年轻人。你们想象不出光棍汉的晚年是多么凄凉……到处飘零，东游西逛时，你才会感到人生暮年的苦楚。

我忘了这段文字出自哪里。十多年前，我将它抄在汝龙译的27卷本的"契诃夫小说集"的第一卷《巫婆集》的扉页上。我从旧书摊买到这套书后立即给它们包上了洁白的书皮。是哪一天匆匆忙忙地将这些与屠格涅夫有关的文字抄到契诃夫的书上了呢？白纸已经微黄，1982年上海译文出版社出版的这套书，内页已经呈灰黄色。

二十多年前，我囫囵吞枣地读过俄罗斯十九世纪的大部分经典文学作品。我最喜欢屠格涅夫和契诃夫，当然还有普希金和陀思妥耶夫斯基。

我记得他们笔下的俄罗斯少女，总是皮肤白皙，饱满的额头上能清晰地看见发蓝的血管。她们是一群容易受惊的小动物，住在森林深处的庄园里，大雪覆盖，道路断绝。她们生命力无比旺盛，渴望激情，对未来充满无限的希望。眼下呢，她们年轻、美丽、忧愁，因为生活太沉闷太乏味了。

这时候，男主人公出现了。他总是来自莫斯科或者彼得堡，见过大世面，有学问，漂亮、多情、聪明、幽默。他的到来是一股强烈的清新的风，吹拂她们沉睡的心田。很快，她们复活了，滋长了，繁荣了，她们心里对外在世界的所有梦想，只有通过他才能实现。她们无可奈何地、不可救药地爱上了他。

这是一切故事的老套。强烈的爱情很难发生在青梅竹马之间，虽然我们国家的古典作品里不乏其例。我想，青梅竹马而终成眷属的，可能是垂髫时期熟悉，中间有过分离，青春期重新相逢激发了爱情。如果两人一直在熟悉的生活圈里，太熟悉了，再去亲近简直有乱伦的禁忌。

强烈的爱情往往是悲剧，或者至少难以导致婚姻。但强烈的爱情的确能最大限度调动起人的潜能。一旦强烈的爱情被婚姻终结，当初对未来的想象都实现了吗？

不可能。我在青春期读这些书的时候常常思考这些问题。至于小说怎么反映俄罗斯社会的风云激荡，革命烽火怎样在荒原上熊熊燃起，总是不甚了了。正是考虑到想象的生活总在远方，用契诃夫的话说，"新的生活"在哪里呢？我那时一面渴望强烈的爱情，渴望遇到这一类暗中疯狂表面文静甚至压抑（陀思妥耶夫斯基笔下多有此类年轻女子）的中国姑娘；一面又十分害怕，如果真的发生了爱情，我根本不能把她带到"彼得堡""莫斯科"，而且最重要的是，就算是带到了辉煌的地方，我们日复一日的生活里，怎样才能做到有诗意呢？

说实话，一直到今天，到我写这篇文章的时候，我还解答不了这个问题。爱一个人，是你自己的事。如果你想在日常生活里获得屠格涅夫笔下的那种强烈的感受，注定要伤痕累累，灰心绝望。

那时我什么都不顾忌，节假日里在城郊的旷野里奔跑。端午前的麦地中，秋季的棉花田里，总有干农活的年轻女子。她们不是农奴，我更不是老爷，所以只能远远地看着这些劳作的年轻女子，写下幼稚的诗句。

屠格涅夫也有类似的顾虑，觉得不能和撩动深情的女子共赴前程，觉得平庸的日子会粉碎一切热恋期的美梦，所以干脆在"吹皱一池春水"后迅速撤退。所以好多年以后，我看到开头那段文字，感到深得我心，就抄下来了。

我当年是这样认识屠格涅夫的，真是以小人之心度大人之肚肠。不胜惭愧。

今天重新写关于屠格涅夫的文字，我又将他的六部长篇（《罗亭》《贵族之家》《前夜》《父与子》《烟》《处女地》）和几部中篇（《春潮》，一译《一江春水》；《阿霞》《初恋》）找出来翻检一阵，依然心潮激荡。

《罗亭》《贵族之家》《阿霞》《初恋》还让我沉醉，这个自然不必说。

不好意思的是，有一年的夏天，午睡时我总是拿起《烟》。这部被称作长篇的小说还没有另外几部称作中篇的篇幅长，我看了一个月，每天翻几页，我根本不知道它写了什么，反正拿着它三五分钟之后必进梦乡。当然这并不意味着这部小说不好，只是我选择阅读的时机不对。就像我当年一直看不懂《猎人笔记》（1847—1852）一样，那是因为我的理解力太差。今天，我看到下面这样的文字都要迷狂了。

> 春天里，当日落前一刻钟光景，您就在树林边上找个地儿……夕阳下去了，可林子里还是亮堂的；空气清洁而明澈；鸟儿在饶舌地啁啾着；嫩草闪着绿宝石般的欢快亮泽……林子里渐渐昏暗下来；晚霞的红光缓缓地滑过树根和树干，越升越高，从几乎光秃的树枝移向发愣的、沉沉欲睡的树梢头……接着树梢也暗下来了，红彤彤的天空渐渐地变蓝了。林子的气息也渐渐浓烈起来，微微地散发着暖洋洋的

潮气；吹进来的风一到您近旁便停住了。鸟儿们就要入睡——不是一下全都睡去，而是分批分类地睡去：最先安静下来的是燕雀，过一会儿是知更鸟，接着是鹟白鸟。林子里越来越黑了。树木连成了黑压压的一片，蓝蓝的天上羞答答地出现了第一批星辰。各种鸟儿全都进入了梦乡。唯有赤尾鸟和小啄木鸟仍在困倦地啼喊……过不多一会儿它们也沉默下来了。在您的头上又一次响起了柳莺清脆的歌喉；黄鹂在一处悲悲切切地叫喊，夜莺初次啼啭了。（《叶尔莫莱和磨坊老板娘》）

这种细腻的写大自然的文字，在今天流行的书里是基本看不到了。我那时也不大在意，不懂他为什么这么啰唆。其实，生命如果没有机会消耗在宏大的事业里，就该浪费在这些小小的静美的永恒的片段里。因为今天读不到这样的文字，更觉倍加珍贵。也是在睡不着的晚上，打开《猎人笔记》，越看越睡不着了。

　　她的整个头部都显得挺可爱；虽然鼻子稍稍胖圆了一点，也无伤大雅……她的脸部表情是那样的单纯而温柔，那样的忧伤，对于自己的忧伤又是那样充满稚气的疑惑。她显然是在等候一个人；林子里出现某种轻微的响动，她立即四下张望；在明净的阴影里，她那双像扁角鹿一样畏怯的明亮的大眼睛在我面前迅速地一闪。她倾听了片刻，睁大眼睛盯着发出轻微声响的地方，叹了口气，轻轻地扭过头，她的身子弯得更低了，开始慢慢地采摘花朵。她的眼睑红红的，嘴唇痛苦地颤动着，从那浓密的睫毛里又滚出了泪珠，沾在脸颊上，一闪一闪。就这样过了好一阵子；这可怜的姑娘木然不动，只是偶尔愁闷地动一动手，她在倾听，一直在倾听……她挺直了身子，似乎胆怯起来。她那凝视的目光颤抖起来，由于期待而闪亮。透过密密的树木，迅速地闪现出一个男子的身影。她细细一瞧，顿时满脸绯红，欢喜而幸福地微笑了，她本想站起身来，又立刻埋下头去，脸色泛白，有些腼腆，直到那个前来的人在她身旁停下脚步来，她才抬起颤抖的、几近祈求的目光望着他。（《幽会》）

这写的是一个刚尝到爱情的甜蜜就被遗弃的村姑。遗弃她的男人不是老爷，只是老爷的仆役。地位差不多也不能保障爱情。被爱点燃的纯洁的心，是多么痛苦！要经历多少灾难，女人才能像大地一样变得大度、宽容、温和。屠格涅夫对女性心理的细腻把握，对男女之情的深切忖度，令人叹为观止。就连高尔基也称许《猎人笔记》说："这些书荡涤了我的灵魂，仿佛剥掉了我灵魂的一层皮，冲走了我对贫苦现实的印象；我知道了什么是好书，我懂得了我对好书的需要。"

为什么这么多情

屠格涅夫终身未娶。

有一次到某中学听课，老师在讲汪曾祺的《金岳霖先生》。老师大致分析了文章内容后，让学生发表对金先生的看法。有个学生呼地站起来，说，我不赞同金先生对婚姻的态度，为了林徽因，他一辈子不娶，太不值得了，太傻。

我不记得老师怎么评价的。我坐在教室后面想，孩子们发表什么观点不重要，重要的是他们发言后面的价值体系值得思索。

以我的年龄，我对金先生只有无上的钦佩。一个人如果真的能为他的所爱一辈子单身，我只能敬佩。学生有没有想过：金先生如果要找个人结婚，真的很容易。要做什么，很简单；不做什么，比要做什么难得多啊。

这些不愿委屈自己高贵个性的人，大多因为"曾经沧海难为水"吧。本文开始所引文字里，屠格涅夫晚年也认为应该结婚，因为他太孤独了。但，结了婚就不孤独吗？他的笔下这类故事还少吗？

个人情感问题，跟道德关系不大，这句话在我们的国度里，容易招致误解。我们很容易变成道德的判官，妒羡别人生命与情感的丰富。如果看清楚大作家的内心，我们可能会多一份同情的理解。可惜本文很难展开篇幅触及作家的深层情感世界，就是他自己国度的传记作家尼·维·鲍戈斯洛夫斯（1904—1961）写的《屠格涅夫传》（1955），对他的情感经历也是语焉不详。

我曾经这么痴迷屠格涅夫的文字，自然想探求一下他的内心世界，虽然是一鳞半爪。

在偌大、宽阔的花园里，景色万千，变化无常：一会儿仿佛是茂密的森林，一会儿是浓荫碧翠、黄沙铺盖的小径，一会儿是灌木丛，一会儿是令人赏心悦目的、遍布沟壑的小白桦树林。这里，各种树木似乎应有尽有。有参天的橡树，阔叶林，松树，榕树；挺拔的杨树，栗子树，白杨，枫树，菩提树。在僻静的角落里，有铃兰，草莓，长着褐色脑袋的蘑菇，花朵呈天蓝色的菊苣。这真是一个世外桃源啊。屠格涅夫在晚年写道："这些树木，这些碧绿的叶子，这些高高的草丛把我们遮住，跟其余的世界隔绝；没有人知道我们在

什么地方，我们在做什么事情；——然而我们是跟诗在一块儿的，我们充满了诗意，陶醉在诗意里……"（《屠格涅夫传》）

这是屠格涅夫童年时代生活的庄园。上天要造就一个作家，首先要给他一颗善感的心。让他在某种程度上先与俗世隔绝，这样有利于他的内心世界的丰满。

他的童年是美丽而寂寞的。

父亲不大过问家事，老是外出行猎、打牌、酗酒，向邻近庄园的小姐们献殷勤。屠格涅夫不止一次强调指出自己的中篇小说《初恋》的自传性。在成年时期思考父亲的性格时，得出结论：他"对家庭生活不感兴趣，他喜欢别的事情，并且在那些事情上完全得到了满足"。

母亲瓦尔瓦拉·彼得罗芙娜是个性格复杂、脾气极坏的女人。她在童年和少年时代遭受的苦难，婚后生活中由于丈夫不忠带来的内心的苦恼，毁坏了她的性格，使她容易动怒、偏执、喜怒无常，甚至暴戾。她有时对孩子关怀备至，温柔体贴，但这并不妨碍她虐待他们，常常为了一些鸡毛蒜皮的琐事惩罚他们。"我的童年没有什么可回忆的。"屠格涅夫后来说，"没有一个愉快的回忆。我害怕母亲，就像怕火一样。任何一件小事都可以使我受到惩罚——一句话，像严厉训练新兵一样对待我。我几乎没有一天不挨打；当我胆敢问母亲为什么打我时，她斩钉截铁地说：'你比我知道得清楚，你猜猜吧。'"

不难设想，这样的男孩子特别渴望得到爱。

薄　幸

下面是我整理的屠格涅夫年谱的一部分内容：

1818 年 11 月 9 日，屠格涅夫出生于奥廖尔城。

10 岁，全家迁居莫斯科。屠格涅夫被送进一所寄宿学校。15 岁考上莫斯科大学。16 岁随全家迁居彼得堡，屠格涅夫被录取为彼得堡大学哲学系语文组学生。同年 11 月父亲去世。19 岁从彼得堡大学毕业。20 岁，见到普希金，几天后与伟大诗人的遗体告别。21 岁去德国，进柏林大学。22 岁返回俄国，见莱蒙托夫。23 岁重返柏林，与巴枯宁相识并开始建立友谊。24 岁修完大学课程后离开柏林回国。25 岁时女儿别拉盖雅出生。

很奇怪，并没有交代他的婚姻，怎么会有女儿出世？

原来，24 岁回国后他在故乡母亲的庄园里待过一段时间。

屠格涅夫这次归来对母亲非常温顺、体贴。他见母亲和他一起消磨时间感到愉快，因而有时甚至放弃打猎。有时，他在花园里亲自为母亲推车散步。在斯巴斯科耶，日子一天天平平静静地过去。然而，牧歌式的宁静突然被破坏了——母亲得知，屠格涅夫爱上了一个在斯巴斯科耶当临时裁缝的普通姑娘。她名叫阿芙多季雅·叶尔莫拉耶芙娜，原是莫斯科的小市民。屠格涅夫对俏丽、朴实的姑娘一见钟情。

很多年以后，屠格涅夫在《贵族之家》中写到伊凡·彼得罗维奇对一个年轻的女仆的爱情，就是以自己同阿芙多季雅·叶尔莫拉耶芙娜的恋爱故事为原型的。小说是这样叙述的：

在安娜·巴弗洛芙娜的婢女中间有一个很漂亮的姑娘，有着明澈的、温存的眼睛和秀丽的容颜，名字叫玛拉尼雅，既聪明又贤惠。伊凡·彼得罗维奇一眼就看中了她；不久之后，就爱上她了：他爱她那胆怯的步态，她那娇羞的回答，她那温柔的声音和她那文静的微笑。在他的眼里，她一天比一天显得更可爱了，而她，也用着整个的心灵，像只有俄罗斯少女所能眷恋的那样眷恋他——并且委身于他……

母亲刚一听到屠格涅夫爱上了阿芙多季雅的传闻，就大发雷霆，下令立即把"犯了过失的女人"从斯巴斯科耶打发走。阿芙多季雅·叶尔莫拉耶芙娜只得到莫斯科去。在那儿，她靠做裁缝糊口。她离开时已经怀孕了，次年春天生了个女儿，名叫别拉盖雅。女儿出生后不久，便被从母亲那儿抱走，送到祖母的庄园。阿芙多季雅·叶尔莫拉耶芙娜后来嫁给小市民卡卢金。屠格涅夫每年付给她赡养费，直到她 1875 年去世。

屠格涅夫在《贵族之家》中把伊凡·彼得罗维奇的恋人称为"娴静、善良的人儿，她像一根幼芽似的，不知道为什么被人从故土连根拔了起来，并立刻扔到烈日下暴晒；她枯萎了，毁灭了，任何痕迹不曾留下，也没有任何人哀悼她"。

屠格涅夫不久写了《一朵小花》一诗，无疑充满了对阿芙多季雅·叶尔莫拉耶芙娜的回忆，诗中有类似的形象：

（当你只身客居异国，）/可曾在幽暗的树林里，/可曾在柔嫩的春草中，/找到质朴无华的花朵？/它孤独地在披露的草丛中开放，/苦苦地期待着你的来访……/正是为了你，/它保存了，/第一缕纯洁清雅的芬芳。//你折下脆弱的花枝，/面带淡淡的笑容，/把掐下的花朵儿，/小心翼翼地插进钮孔。//大道上黄尘滚滚，/烈日当空，火伞高张，/遍地的庄稼火烧火燎，/你的花朵儿早已枯焦。/它吮吸着清晨的雨露，/在幽静的绿荫下成长。/如今却被灼热的尘土吞噬，/在正午的骄阳下香消花残。//这又怎样？/何必怜悯！/要知道它来到世上，/正为了能有一瞬依偎在你的心旁。

屠格涅夫的这个女儿和祖母生活在一起并不幸福。在女儿5岁的时候，屠格涅夫将她交给他终生恋慕的女友波丽娜·维亚尔多抚养。1865年2月，23岁的女儿出嫁，做父亲的热忱地参加了女儿的婚礼，感到无比幸福。屠格涅夫对女婿印象很好，认为他漂亮、善良而又能干，嫁给他女儿会得到幸福，因为新婚之家在物质上是有保障的：女儿得到父亲一份丰厚的嫁妆，女婿加斯顿·勃留艾是一家玻璃厂的厂主。不久，屠格涅夫有了外孙们。屠格涅夫本人从未尝到过家庭幸福，他特别热切地希望自己的女儿能够幸福。然而，生活无情地欺骗了父女俩。加斯顿破产了，并且挥霍了妻子的所有嫁妆。夫妻之间不和，美满的家庭被彻底破坏。别拉盖雅带着孩子，没带任何财物，离开丈夫跑到瑞士。屠格涅夫虽然已经年迈，病情严重，仍然尽可能地资助她，帮助她躲藏起来，甚至临死也没能见她一面。

我不知道读者怎样看待屠格涅夫的这次恋情以及私生女。

地位高的、富有才情的男子，会有许多女性愿意为他付出。男子也知道，这些弱小的生命"来到世上，正为了能有一瞬依偎在你的心旁"。"一瞬"总是幸福的，让一生"辉煌"的一瞬啊，但结果多是不幸。当然，屠格涅夫也为偶然闯入眼帘的这朵"小花"付出了应有的代价。这种爱，是该歌颂，还是应谴责，或者只是一洒同情之泪?

爱过的女子群像

1841 年，屠格涅夫两次遇见果戈理，结识了许多名流。到莫斯科后不久，探访了巴枯宁一家。在这期间，巴枯宁的妹妹塔季雅娜·巴枯宁娜对屠格涅夫产生了强烈的爱慕。塔季雅娜·巴枯宁娜 26 岁，有教养，博学多才，有音乐天赋，精通好几门外语。

1842 年 1 月 12 日（三个月后，屠格涅夫唯一的女儿出生），屠格涅夫在寄给塔季雅娜的信中写道："请记住我，你要知道（正如普希金所说的）：你寂静、冷落的住所，你别前悒郁的话音，是我心中唯一的宝藏、圣物和爱情。"这近乎表白爱情的做法，使塔季雅娜·巴枯宁娜失去了心灵的平静。她对屠格涅夫的爱情越来越强烈。巴枯宁娜摈弃了陈规，首先表白了爱情，她在信中写道："您想告诉谁就告诉谁吧：我爱您，我这样自卑自贱，竟自己向您献上我那未经追求的、您所不需要的爱情。让人们指摘我吧……"她把屠格涅夫看作完美的典范，预言他有诗人的远大前程，因而仅仅恭顺地提出一个要求——铭记她忠诚的、始终不渝的爱情。她这样异乎寻常地、热烈地表露自己的感情，使屠格涅夫感到窘迫，甚至使他为难。

"我从来未像爱您那样爱过一个女子，但是，即使对您，我也并不是全心全意地、深挚地爱着的。"屠格涅夫在给她的信中写道。屠格涅夫对她并未产生过真诚的爱情，"过去的一切，只不过是一时头脑发热而产生的幻想"。这是一场被动的爱情。很快就结束了。

　　1854 年夏天，女儿别拉盖雅已
经 12 岁了。屠格涅夫爱上了一个远
亲的女儿奥尔迦·亚历山德罗夫
娜·屠格涅娃。奥尔迦年仅 18 岁，
善良聪明，讨人喜欢，有音乐天赋。
屠格涅夫曾打算向她求婚，但后来，
这些想法都成为泡影。屠格涅夫在
长篇《烟》中所描写的里维诺夫的
未婚妻塔吉亚娜·彼得罗夫娜的原

屠格涅夫

型就是奥尔迦·亚历山德罗夫娜·屠格涅娃。

　　1856 年 5 月，屠格涅夫到列夫·托尔斯泰的妹妹玛·尼·托
尔斯泰娅家作客。屠格涅夫从认识她起，就对她怀有深挚的好
感。就在这年夏天，屠格涅夫写了一个短篇《浮士德》。小说有
着与玛·尼·托尔斯泰娅相识之情的影子。小说女主人公维拉·
叶尔佐娃身上体现出她的某些特点。作品洋溢着深沉的、"令人
心醉的，散发着芳香"的抒情气氛。一年以后，屠格涅夫回忆写
作这个短篇的情况时说："《浮士德》是在生活发生转折的时候写
的。我的整个心灵迸发出了回忆、希望、青春的最后几颗火
花……"

　　这一年，他 40 岁。

一生的痛苦：与维亚尔多的爱情

　　1843 年，屠格涅夫 26 岁。这一年他终生难忘，因为这一年

波丽娜·维亚尔多

不仅是他的文学道路上的第一个里程碑，而且在他的私生活中留下了不可磨灭的痕迹。那年秋天，彼得堡来了一个意大利歌剧团，该团有一位才华出众的22岁的女歌唱家波丽娜·维亚尔多。

波丽娜·维亚尔多出身于一个演员世家，自幼开始舞台生涯。三十年代末，她就在布鲁塞尔、伦敦演出，18岁首次在巴黎歌剧舞台扮演威尔第的歌剧《奥赛罗》中的苔丝狄蒙娜，随后扮演罗西尼的歌剧中的灰姑娘辛德瑞拉，获得巨大成功。她虽然年轻，但已誉满欧洲，并得到世界音乐巨擘的承认。诗人向她献诗，作家称赞她扣人心弦的圆润柔和的歌喉和悲剧演员的独特才能。一位同时代人这样描绘她的肖像："波丽娜·维亚尔多的容貌优雅，带几分严肃，但富于表情，令人喜爱；她的步态庄重而从容，令人心醉神迷。她身段苗条，一绺绺鬈发乌黑油亮，脸色透出一股西班牙女人的热情，动作优美、准确、自然。"

屠格涅夫认识她的时候，她已经是路易·维亚尔多的夫人。

屠格涅夫此前爱过人，但碰到真正能激发自己巨大热情，且能与他的爱情相称的对手时，他没有了机会。与他同时代的也是他朋友的德国诗人歌德遇到过类似的情感，并为此写下了名著《少年维特之烦恼》。屠格涅夫做了另一种选择。

在波丽娜·维亚尔多巡回访问各个国家、各个城市之际，屠格涅夫总是独自一人住在库塔甫涅尔她的庄园里或在巴黎逗留，并不断给她写信，根据记忆设想着她扮演的一个个角色，甚至一举一动都历历在目。

屠格涅夫对波丽娜·维亚尔多的爱慕已超出了普通爱情。他迷恋她那完美的天性，横溢的才华，渊博的学识和杰出的表演天才。他密切关注着她的发展。他阅读报刊上关于她演出的评论文章，并向她提出自己的建议，使其演技愈臻完善；他在信中向她分析歌剧主人公的形象，使波丽娜能更深刻地了解她所扮演的角色；他有时也在杂志上发表文章，谈到她的表演天才；他为她在国外演出的辉煌成就感到由衷的高兴，并鼓励她以自己的演技征服世界。

炽热的爱情如浓酒，让人心儿如醉，持续的热恋在这个世上好像并不多见。讲究理智的人往往选择了另一种情感：友谊。男女之间由热恋退为友谊还能持之以恒真心相对的，更为少见。在友谊和爱情中，不计报酬，没有目的的奉献永远是高尚的。

屠格涅夫忘不了波丽娜·维亚尔多，他对她那种缠绵深厚的眷恋之情，超过了对其他任何女子的爱情。在给维亚尔多的信里，他写道："据我所见，世界上没有什么比您更好的了……在人生的旅途中和您邂逅相逢，是我一生中最大的幸福，我对您的忠诚和谢忱是无限的，只能随我一同消亡。"

相爱却不能相守。屠格涅夫为此终身痛楚不堪。托尔斯泰说："我看屠格涅夫和维亚尔多夫人不幸的关系实在可怜。我从来没想到他能这样爱一个人。"

从青年时代到生命的最后时日，屠格涅夫毕生忠于这一使他做出巨大牺牲的感情。

晚年的他无处安身，孤单一人，他说："我因为还没有品尝过全部幸福，又没有给自己安上一个舒适的窝，所以就在痛苦中渐渐衰老了。我的心还年轻，却已郁郁不欢而破碎……现在这一切都变了……我对这一切已不再抱任何指望，一切都已平息，坎坷已经消失，内心的责难已经沉寂——吹炉灰干什么？死灰是不会复燃的了……"

1883 年 6 月 22 日，屠格涅夫在巴黎附近的布日瓦尔溘然长逝。此前不久，波丽娜·维亚尔多的丈夫路易已经去世。我想起加西亚·马尔克斯的《霍乱时期的爱情》，费尔米纳与阿里萨的爱情时间跨度长达半个世纪。在半个世纪的漫长光阴里，阿里萨在数不清的女性身上寻找和迷失，他固执地以为他最终能与费尔米纳结合，费尔米纳丈夫死后，他们真的在一起了。但是，那是马尔克斯的小说。等了几十年终遂心愿的爱情没有应验在屠格涅夫身上。

1883 年波丽娜·维亚尔多 61 岁。屠格涅夫 66 岁。临终前，波丽娜一直守在他身边。这也许是他最后的安慰。

屠格涅夫作品入选语文版语文教材、读本的有《麻雀》《树林和草原》，入选其他版本语文教材、读本的有《门槛》《蔚蓝的王国》《乞丐》。

托尔斯泰 预见却无法回避的婚姻悲剧

　　他站在我面前，脸色苍白，他的下嘴唇哆嗦得越来越厉害了，两行热泪夺眶而出，流到他的面颊上……"这是为什么？"我说完这句话，便站起身来，想离开他。可是他不放我走。他的头靠在我的膝盖上，他的嘴唇吻着我那还在发抖的双手，他的眼泪把我的双手都弄湿了。

读过俄罗斯文学黄金时代作品的读者，一定会对上面的文字感到亲切熟悉。19世纪的俄罗斯文坛，屠格涅夫、陀思妥耶夫斯基、契诃夫、托尔斯泰等一时间群星闪烁，光焰万丈。我少年时，非常熟悉这些"心灵激动、热泪夺眶"的情节，以至于在自己的习作里写下了"薄薄柔唇激动了泪花"这样半通不通的句子，起初还以为是自己的独创。多年后的今天，重新翻阅煌煌17卷本《托尔斯泰文集》（人民文学出版社1987—1991年出版），沉浸在一百多年前的故事里，抬眼看人类现在的生活追求和情感表达方式，愈发觉得现代生活的空虚和轻松流畅的表述难以掩盖的浮薄。

托尔斯泰是永恒的，不过，一旦成为永恒，实际也代表了现实生活中再也没有了类似的人物。托尔斯泰出身贵族之家，一辈子最大的理想不是赚钱，而是怎样散尽家财，因为他觉得财富——他继承的财产姑且不说，他出版的千万字作品的合法版税收入——是罪恶，是羞耻；他觉得一个人不应该拥有这么多财富。至于他生育的众多子女，他也不愿意留下过多的资财供他们挥霍。现在无论是官二代富二代，还是挣扎中的穷二代，都很难理解这个老头的奇怪念头。

据介绍，前苏联出版的托尔斯泰"全集"多达 90 卷，其中文学作品不到三分之一；那么我现在翻阅的这一尺多厚的"文集"，只是他思考结晶的一小部分了。在这篇小文里，我无法梳理托翁的思想或作品全貌，只想从自己目前感兴趣的角度出发，尽可能走近伟大作家心灵的密道。也许，这场历险留下的注定是误入歧途的谵妄之语。

八十二年人生素描

1828 年 8 月 28 日，列夫·托尔斯泰出生于亚斯纳亚·波利亚纳（中文意思是"明媚的林间空地"）。此地距莫斯科 200 多公里，在图拉城郊 20 公里处。亚斯纳亚·波利亚纳庄园占地 338 平方公里（相当于 5070 亩，大致相当于北京大学本部的面积），这原来是作家母亲的陪嫁。

亚斯纳亚·波利亚纳庄园

托尔斯泰 2 岁不到，他慈爱的母亲去世；9 岁时，父亲去世；10 岁时，祖母去世。后由姑母监护，14 岁姑母又去世。托尔斯泰的童年充满了亲人去世的悲苦。

后来，另一个姑母将他带到喀山。

14 岁，到了喀山，没有人关心他、指导他的生活。他曾跟着二哥去了一次妓院。就在妓女的床上，他哭了。他为丧失了珍贵的、健康的东西而哭泣；为自己几乎是孩子般的身体被玷污而哭泣。他十分悔恨；但这件事也因此打开了他欲望的魔盒，使得他一辈子都在清洁的道德和沉沦的欲望之间纠结。

17 岁那年，他考上了喀山大学东方语言文学系，后转入法律系。他不太遵守纪律，成绩平平，他认为在校期间学不到真正本领，大三那年离校回亚斯纳亚·波利亚纳。

23 岁那年，在经历了农村改革的失败和个人生活的荒唐故事后，他参军了。在军营里，他开始写作。

24 岁发表的《童年》显示了托尔斯泰杰出的文学才华。到 28 岁，他完成了自传体三部曲的另外两部《少年》和《青年》。

31 岁那年春天他完成了一部重要的作品《家庭的幸福》。

35 岁（1862 年 9 月），他与索菲娅结婚，新娘时年 18 岁。

从婚后到 41 岁，他完成了一百多万字的巨著《战争与和平》。

42 岁到 46 岁，完成《安娜·卡列尼娜》；50 岁，出版该书的单行本。

50 岁到 60 岁的十年间，他对宗教问题产生了浓厚的兴趣，在俗世人看来，他有点迷狂，有点不能自拔。此间主要作品有《忏悔录》。

67 岁，完成一生中最后一部最重要的作品《复活》。以后，陆续写了一些戏剧作品和短篇小说、故事等。

82 岁那年（1910 年）的 10 月 28 日，他难以忍受家庭压抑的气氛，愤而出走。他坐上火车，准备到他唯一的妹妹托身的那家修道院去求得宁静。

10 月 31 日，因为在车上感染肺炎，他在阿斯塔沃波车站下车，住在站长房间里养病。

托尔斯泰墓

一周以后，托尔斯泰停止了呼吸。

两天后，伟大作家安葬在亚斯纳亚·波利亚纳一片林间空地。

托尔斯泰一生中近六十年的时光都是在远离莫斯科的这个庄园中度过。后来，奥地利著名作家茨威格写下了《世间最美的坟墓》，这篇散文收入多种版本教材，无数学生对这个地方充满了神秘的想象和向往。其实，大家都知道这只是座土坟，经历了一百多年的风雨的坟上长满了青草，看上去和所有普通人的墓地一样；但是，就是这个地方，几乎成了文学爱好者心中的麦加。

从初恋到婚姻

　　人生最大的痛楚就是床笫之间的痛楚。——记得这句话是托尔斯泰说的，但我现在找不到出处了；而且好多年我一直把"笫"这个字读成"第"，真是惭愧。性与爱是一个人一生中至关重要的事，尤其是少年时期的经历，往往给人留下无法磨灭的印记。

　　托尔斯泰 14 岁即初尝禁果，而且是那种不堪的场合。后来他对婚姻犹疑不决，他的多部名篇也一直在探讨女性被引诱的话题，大概都与此有关。还有他的军旅生涯，以及受当时上流社会散漫腐败的生活风习的影响，他在婚前是一个不折不扣的浪荡子。——不过，托尔斯泰之为托尔斯泰，并不在于他生活的放浪，而是他在下沉的欲望与高尚的道德搏斗过程中体现出的人性的力量和仁爱的精神。我常常在想一个简单的问题，今天的社会新闻每天都在报道无数普通人的生活悲喜剧，为什么没有作家据此写出划时代的作品？托尔斯泰当年在琐细的社会新闻中发现宏大的主题，有深邃的思索和追问，用近十年的时间写一部恢弘的作品。今天，我们的作家惯于沉醉在叙事的狂欢中，没有思考，因为"作家一思考，读者就发笑"，这也真是无可奈何的事。

　　当然，托尔斯泰年轻时的放浪成了名人秘闻，这种恶劣的阅读趣味自然无法培养出伟大的作家。俄罗斯文学的黄金时代过去了，探讨一下他们的成因还是有意思的事。有人说，这一时期的作家最大的特点是"哪怕在湿漉漉的抹布里，也能发现美好的灵魂"，意思是在琐屑甚至肮脏的生活里，能发现"人"的力量，"人"的美好和伟大。托翁的女儿说：

> 无论怎样跌倒，无论自己的灵魂怎样被七情六欲玷污，可是他精神力量的萌芽，对真善美的追求，仍然推动它去进行新的探索。

我们这个时代过分强调了七情六欲的合理性——我也知道怎么强调这些都不算错误，但是，我们的的确确缺乏超越七情六欲的精神光芒，而且我们许多人沉浸在欲望的泥坑里，从来没见过精神的萌芽，自然也决不相信这些耀眼的光辉。这是今日最令人遗憾的事。

多年后，托尔斯泰回忆起20多岁的经历时说："我在莫斯科生活得乱七八糟，既无处供职，也不做什么正经事，胸无大志。"酗酒、打牌、打猎，这是他这一阶段生活的关键词。（见《忏悔录》）做了这么多铺垫，我想说，其实，浪荡过后的托尔斯泰也有纯净的初恋。在喀山，托尔斯泰第一次爱上了一个叫季娜的姑娘。这姑娘是他妹妹的同学。这段恋爱给他留下了一段美好愉快的回忆。后来，他在《青年》中写道：

> 月明星稀，夜深人静，我常常枯坐在褥垫上，通宵达旦凝视着银光和暗影，倾听着些微的响动和暗夜的寂静……这时，"她"姗姗来迟，拖一条黑黑的大辫子，神色哀怨；她双臂裸露，伸出手，敞开令人心荡神摇的怀抱……月亮越升越高，越来越皎洁，池塘水面上溢金流彩，渐久渐强，宛如阵阵声浪，听得益发分明，而阴影则益发浓重。我凝视着，倾听着，仿佛……对她的爱也远远不是全部幸福；我望着天空一轮皓月，时间越长，感到真正的美和幸福越来越崇高，

越来越纯洁。我离它——美和幸福之源越来越近，一种不知餍足然而欢乐的泪水涌上眼眶……在这样的时刻，我总觉得，好像无论是大自然，无论是月亮，也无论是我——我们已经融为一体了。

谁能没有月下的记忆？在月下能有这样的苏醒和救赎，一个就算是曾经沉浸在肉欲的大海里的人，又有什么罪过？我在当下的中国文学里读不到这样的片言只语。就是月下，我们也分不清月光和肉欲的区别。我17岁和一个女孩子看过月亮，幸运的是，那些日子我读的正是托尔斯泰和契诃夫的小说。月亮在两颗老树的枝丫中间，是冬夜的满月，我们长时间看着月亮，直到夜雾把头发全部濡湿，直到我们彼此都忘记了身边的人。那是对高远和纯洁的追慕。我们没有看彼此的眼睛和面容，但我一直记得那个冬天午夜黄黄的暖暖的月亮。

托尔斯泰回忆这段感情时说："我没有感觉过猥琐情欲的压力，我没有向她表白过爱情。"——最纯净的感情无须表白，沉醉其间，自得其乐。

离开喀山后，他遇到一位哥萨克美女，他说他欣赏她的美就像欣赏矿山和天空的美景一样，他一度想娶她为妻。但很快，新的生活又吸引了他的注意力。

托尔斯泰无疑是一个情感丰富的人，但他也是一个十分理性的人，一个有着浓重的宗教情怀的人，一个追问生命终极意义在常人看来未免有些走火入魔的人。

他从小对爱充满无限需要，他既需要爱别人，也需要别人爱。别人不接受他的爱或者他得不到别人的爱，都会使他难受。有人将这称为爱欲饥渴症。像他这样丰富深邃的情感没有遭遇对手，爱情就很容易进入想象的领地，就很容易爱上许多与自己的生命未必相干的人。因为没有足够的爱与他保持心灵的平衡。

想想看，一个冷漠乏味的人怎么会留下几千万字的作品？写作也是一种爱的倾诉。

1856 年，28 岁的作家锋芒初露。朋友劝他娶阿尔谢尼耶夫家的小姐瓦列莉亚为妻，瓦列莉亚时年 20 岁。这年从 6 月到 8 月，他经常到姑娘家去。奇怪的是，他对这个姑娘有时候爱得神魂颠倒，有时候又觉得十分乏味。——注意：这种感受，只能出现在理性与感情都十分强大的人心间。爱情使简单的人迷乱；使感情和理性同样深邃的人在迷乱后进行彻骨的反省，看清爱情的真相。这有点大煞风景，一般解释为尚未遇到自己的"真命天子"，其实，就算是遇到了合适的人选，爱情的长跑也需要不断添加养分，否则多半也是以乏味告终。

这年 11 月 13 日深夜，他给瓦列莉亚写了一封长信。他说，他是个"精神上的老人""年轻时做过许多蠢事"，现在，"他尊崇宁静的合乎道德要求的家庭生活"。而对方的理想则是"舞会，袒露的肩膀，四轮轿式马车，钻石，跟宫廷高级侍从和高级副官的交往，等等"，托尔斯泰看出他们之间的差异，说，这样的爱情和婚姻只会给双方带来痛苦。12 月 12 日，他给姑娘写了最后一封信，宣告这段恋爱结束。

我们稍微留心一下，男人年轻时经历过种种情感的游戏，现在收心了，要过宁静的家庭生活；女人情窦初开，对爱情有着许多憧憬，对附着在爱情上的浮华、虚荣更感兴趣。

托尔斯泰要的是宁静的乡村生活，是灵魂自由的生活，好让他安心写作思考；而几乎所有年轻的、出身相对贫寒的女人都类似于莫泊桑笔下的玛蒂尔德夫人：

> 她梦想那些披着古代壁衣的大客厅，那些摆着无从估价的瓷瓶的精美家具；她梦想那些精致而且芬芳的小客厅，自己到了午后五点光景，就可以和亲切的男朋友在那儿闲谈，和那些被妇女界羡慕的并且渴望一顾的知名男子在那儿闲谈。

——她要的，是他已经抛弃的。结合托尔斯泰的作品和他自己的生活，想一想，这里面是否暗示着什么？

无论是《安娜·卡列尼娜》《复活》，还是本文将要提及的《家庭的幸福》，其中的女人都受到过不对等的情感或者肉欲，或者浮艳的生活的诱惑，都在受诱惑之后付出了沉重的代价。托尔斯泰本人婚前的私生活和婚后的家庭生活，也似乎在重复这个模式。

他婚前是个引诱者；晚年，妻子也受别人引诱，给他带来苦恼。

他拒绝了瓦列莉亚，也许是爱得不深。1862 年 7 月，托尔斯泰在莫斯科，常常到别尔斯家去。别尔斯是宫廷医生，他的夫人是托尔斯泰的童年朋友。别尔斯夫妇的三个女儿都待字闺中。老二索菲娅最漂亮。托尔斯泰写道：

> 在您面前，我深感已入老境，不能再获幸福；只是在您面前。

类似的话在 1856 年给瓦列莉亚写过。不过，那次是拒绝，这次是试探。有意思的是 1859 年，他在小说《家庭的幸福》中也有类似的说法。

托尔斯泰怕在感情的驱使下迈出的错误一步会对今后生活产

生致命影响。尽管如此，"老谋深算"的他在爱情面前还是失算了。他无法估量索菲娅的未来，虽然他对女性的最大弱点——爱慕虚荣——了如指掌；他还是陷入了爱情的泥淖。久经考验的34岁的他，被17岁的天真少女索菲娅俘获了。在得到姑娘的首肯后，婚礼很快就在亚斯纳亚·波利亚纳举行。

结婚前夕他通宵未睡。他觉得"可怕，不可信，想逃跑"，他怀疑她对他的爱。索菲娅也担心失去托尔斯泰的爱。她说："我怕他很快发现我是个愚蠢渺小的小姑娘而失望。"可是，婚礼还是在9月23日举行了。

托尔斯泰是贵族，在乡村长大，喜欢村居生活；索菲娅不是贵族，却看不惯农村和农民，她向往城市生活。

索菲娅对于托尔斯泰过去的风流韵事耿耿于怀，她"追前嫉妒"。托尔斯泰则不管哪个男性称赞索菲娅他都要嫉妒。他们俩都失去了婚前的理智。托尔斯泰认为自己年龄大，加之过去的堕落生活，配不上索菲娅；索菲娅也认为自己嫁给这样的人受了委屈。因此婚后不久两人常常拌嘴。不过，他们俩一致认为婚姻应该白头偕老，所以拌嘴之后都在反省。

那时托尔斯泰开始写作《战争与和平》，他借作品人物之口说：他所爱的女人不过是一个漠不相关的外人，是无心的仇敌，是他的精神发展的无意识的阻挠者，他感到了幻灭。

不久他又陷入宗教的烦闷中，1869年完成《战争与和平》时，他感觉发生了严重的"悲苦空虚"感。两人经营的爱情宫殿颓圮了！婚后，索菲娅给了托尔斯泰一段时间的幸福安宁，后来给他带来的更多的是苦楚，以至于托翁82岁高龄离家出走，死在逃离妻子束缚，奔往"自由生活"的途中。

《家庭的幸福》：一语成谶

1859 年 1 月到 4 月，31 岁的托尔斯泰写出了中篇小说《家庭的幸福》，在这篇作品里，托尔斯泰仿佛对他未来的爱情和婚姻都做了准确的预言或者说场景预演。这篇小说的许多情节，和三年以后的 1862 年发生的事十分相似，他好像预见了未来的妻子，甚至预见了他一生的幸福与痛楚。

中年时期的列夫·托尔斯泰

我们先看看他婚前的求爱和试探，这段写于 1859 年春天的文字，在生活中真实的再现则是 1862 年的秋天。

您不妨设想一下，有一位 A 先生，他年纪一大把了，还有一位 B 女士，年轻，幸福，既没有见过世面，又没有阅历过生活。由于种种家庭间的关系，他像爱女儿似的爱上了她，而且也不怕用另一种方式去爱她……可是他忘了 B 非常年轻，生活对她还是游戏，他要爱上她很容易，而且她还会觉得这很有趣。于是他做了件错事，他突然感到他心里涌起了另一种类似忏悔的痛苦的感情，因此他害怕了。他害怕他们以前的友谊关系会遭到破坏……

像大多数爱情故事一样，经历了试探和心证意证，两人终于结婚了。婚姻生活是幸福还是不幸，只有当事人知道了。托尔斯泰可能对婚姻不抱太高期望，在小说中，他做了这样的预言：

> 冬天挟着它的寒冷和暴风雪降临了，而我（女主人公，作者注），虽然有他和我在一起，却开始感到孤独，开始感到生活只是老一套，无论在我身上或是在他身上都没有新的东西……因此我又觉得，他心里一定有一个他不想让我进去的独特的天地……我需要的是活动，而不是平静的生活。我需要的是激动、危险和为了感情而牺牲自己。我身上有的是在我们平静生活中容不下的过剩的精力……这种精神状态甚至影响了我的健康，我开始神经衰弱了。

> 当我们俩单独在一起的时候，我和他在一起既不感到快乐，也不感到激动，也不感到慌乱，好像旁边没有人似的……他是我的丈夫，我熟悉他，就像熟悉我自己一样。

于是这对夫妇到彼得堡旅行，在莫斯科拜访两家的亲戚，这一切使她"觉得那静寂的乡村生活似乎是一种遥远和不足道的东西"。托尔斯泰太熟悉女性的弱点了，他明明知道女人耐不住婚后乡村生活的寂寞，还义无反顾，勇往直前，直到痛不欲生，无处逃脱。他三年前就这样清楚女人成长的必由之路，可是他还是结婚了，为了他一时的心动付出了一生的代价。那时，他以第一人称的视角试图进入女性的心灵：

> 我觉得在这个舞会上我是中心，一切都环绕着我旋转……这一群赞美我的人因为我才聚集到这里……我的成功使我的虚荣心得到满足，因此我坦白地对我丈夫说，我很想今年再去参加两三次舞会，而且我还昧着良心加了这么一句："这样一来，我就可以好好地过瘾了。"

就在他们感情越来越淡，终于变成了一种习惯和一种毫无生

气的履行义务时，死水般的生活总算掀起了微澜。意大利的一位
侯爵开始大胆追求女主人公。这个登徒子一下子就俘虏了原来单
纯健康，后来神经衰弱，再后来沉溺于舞会倍感幸福的"我"：

> 他那双发亮的眼睛的怪讨厌的凝视，常常使我脸红，扭
> 过头去。他年轻、漂亮、文雅……他那没戴手套的手指碰了
> 一下我的手。一种不知是害怕还是愉快的新奇的感觉，使我
> 的脊梁骨一阵发冷……他那双燃烧着的、润湿的眼睛狂热地
> 瞧着我，瞧着我的脖子和我的胸部……他说我是他的一切，
> 于是他的嘴唇越来越靠近我了，他的手把我的手也越抓越
> 紧，灼痛了我……那一吻的耻辱灼烧了我的面颊……

女性受引诱是托翁小说的重要主题之一，背叛给丈夫带来了
沉重的痛苦，使得婚姻生活雪上加霜。诡异的是三十多年后，年
已半百的托尔斯泰夫人真有一次这样的被引诱的经历，这让年近
古稀的托尔斯泰十分难堪。托尔斯泰在 1859 年结婚前就预见到
他爱的女人与他志趣的不一，情感的歧异，不过，31 岁的作家已
经做好了全面"清理"工作。小说里，妻子与丈夫貌合神离，妻
子埋怨丈夫不爱他了，托尔斯泰笔下的丈夫是这样解释的：

> 一个时期有一个时期的爱情……在我刚认识你的那一
> 年，我整夜不眠地想你，自己制造爱情，于是这种爱情便在
> 我心里逐渐增长……现在，你还多么年轻啊，可我已经老
> 了，我们也不要对自己说谎了。以前的焦虑和激动都没有
> 了！我们用不着再去寻找和激动了。我们已经找着了，而且
> 我们已经够幸福的了。现在我们必须引退，给儿子让路。说
> 完这话，他弯下腰来亲吻我的头，像是一位老朋友在吻
> 着我。

小说以温情脉脉的面目结束，生活却在挣扎着按照它的节奏飞速滑行，而且道路越走越窄，主人公越来越痛苦。

逃离：蓄谋已久

1872 年，托尔斯泰想将自己在俄罗斯的所有财产尽行出售后，住到英国去。

索菲娅

1878 年 6 月完成《安娜·卡列尼娜》后，托尔斯泰写道：

> 我有以下一些问题得不到答案：我为什么活着？我以及一切人存在的目的是什么？我需要怎么生活……我如何才能拯救自己？我觉得我在毁灭——我活着而实际上却在死去。

孩子们在长大，财产在增加，书在印刷……可他对这一切已不感兴趣了。他的眼神呆滞、奇怪，几乎不开口说话。

1879 年 12 月，他提出要把财产分给穷人、出家当修士的意愿。

1881 年 9 月，托尔斯泰拗不过索菲娅，暂时移居莫斯科，但他很快就讨厌这个在他眼里肮脏的城市，回到乡下，与妻子分居。

索菲娅给丈夫写信说：

> 想到你（几乎整天都在想），我的心就疼。你现在给人造成的印象是：你生活不幸。我很怜悯你，而同时又大惑不解：不幸从何而来？原因何在？周围一切是这样美满幸福……请你尽力使自己幸福、快乐；如果有要我出力的地方，请吩咐，但是自然是我力所能及的事……我现在就只有一个希望，就是希望你心情宁静，生活幸福。

这两个人大概是我们所说的不得不聚首的冤家，心里愿意爱着对方，生活却无法协调。因为两个人志趣根本不一样，以托尔斯泰的理性，为什么一再回避还是犯了这个最原始的错误。前文已说，结婚前三年写的小说，就想象了这种不幸的婚姻，为什么生活中还是重蹈覆辙、深陷泥淖，弄得彼此痛苦不堪？

1884 年 6 月，在一次十分严重的争吵后，他再一次想离家出走。

托尔斯泰在日记里写道："爱情是没有的，只有肉体上的基本需要和理性上的对生活伴侣的需要。"

1890 年冬，他下决心放弃私有财产，准备离家出走。索菲娅指责他把所有家务事、庄园管理、出版业务全都压在她一个人身上，在一次争吵最激烈的时候，她向火车站跑去，准备卧轨自杀。

1891 年 9 月 16 日托尔斯泰发表声明：

> 我赋予所有愿意的人以下列权利：无偿地在俄国和国外用俄文和用译文出版并上演印在一八八六年版的十二卷上和今年即一八九一年版的第十三卷上的所有我的作品，以及我没印过的和今后即今天之后可能出现的作品。

这当然引起了妻子强烈的反对。关于财产归属问题，本文不想讨论谁是谁非，只想关注托尔斯泰这样一个人，进入老境之后常常处于一种无家可归又无处可逃的境地，真是让人难以为怀。

还有一件更难堪的事等着他。

1895 年冬天，50 岁的索菲娅开始打扮起来，常去音乐会听音乐，她喜欢跟钢琴家塔涅耶夫在一起消磨时光。1896 年 9 月 26 日，外甥女写信说：

> 索菲娅舅母年轻，快活，漂亮，爱打扮。平生第一次我觉得她不顺眼。她跟塔涅耶夫的奇怪关系，实在太出格了，以致舅父终于忍受不住，跟她吵了一架，都说是因为嫉妒，而照我们看，只不过是委屈，受侮辱，还有愤怒罢了。

在 1897 年 7 月的日记里，索菲娅写道：

> 我们的生活是痛苦的……托尔斯泰在逐渐消瘦。一种极为痛苦的嫉妒心在使他苦恼！我不知道这是不是我的过错。与塔涅耶夫接近的时候，我常常会出现一个想法：要是有这样一个温和善良而又有天赋的朋友做伴，一直到老，该有多好啊！我知道这是一种近乎病态的不正常的感情，上帝的世界并没有因为爱情而大放异彩，相反却变得暗淡无光了；这是一种蠢事，是不行的，可是要改变它，却又无能为力。

1897 年，爱子夭折，女儿出嫁，妻子不知检点，在这个环境里他实在不能再生活下去了。他决定离家出走，去按照自己的信仰生活。但最后还是下不了决心。

托尔斯泰一辈子都在写日记。日记也成了夫妇之间矛盾的导火索。

从结婚到晚年，托尔斯泰的私人日记一直处于东躲西藏中。为了有一份只为自己而写的日记，托尔斯泰费尽了心思，伤透了脑筋。有一段时间，甚至不得不把日记藏在靴筒里，这样的情形，托尔斯泰自己也觉得滑稽。但是，最后还是被索菲娅翻了出来。索菲娅又要求看他其余的日记，他坚决不允，把他最后十年的日记都存进了一家银行。还有一种说法，为了避免矛盾激化，托尔斯泰专门写了一个夫人阅读版日记。这也是无可奈何的事。

索菲娅一再要求托尔斯泰将全部著作的版权都给她，托

托尔斯泰夫妇合影

尔斯泰坚决不同意。她哭泣，喊叫，半夜闯进托尔斯泰的房间哭闹。他在给友人的信中说："整个这段时间我的生活过得很糟，心绪不好。没有爱，就没有快乐，没有生活，没有上帝……我这个人很糟，越来越想死，以前是每天晚上想，现在每天早晨也想，而且这使我感到高兴。"

不久，他给索菲娅写了一封长信：

我像年轻时一样爱你，这样的爱一直没有终止。尽管有各种冷淡的原因，可是我过去爱你，现在也还是爱你……使我们冷淡的原因是：我对上流社会的生活越来越失去兴趣，越来越感到厌烦，而你却不愿意也不能够抛弃这一切，因为你内心没有产生我的这些信念的基础。这是很自然的，我不为此怪罪你……我们在对生活的意义和目的的理解上完全是

相反的，我们对生活的理解完全是直接对立的……我是一个放荡的非常堕落的人，我娶你这个纯洁、美丽、聪慧的18岁的姑娘时已经不年轻了。尽管我过去是肮脏的、不道德的，但你却和我一起差不多生活了50年，你爱我，过着勤劳艰苦的生活，为我生育、抚养、教育和照管孩子，我们一起纯洁地生活过来了，我不敢对你有任何责备。

反复争吵，以自杀威胁，其实很难调和的这对老夫妇，虽说当初未必是佳偶，但一起生活了48年，生育了13个子女，夫人的确给托尔斯泰带来了家庭的安宁——托尔斯泰35岁结婚前是一个地道的浪子，婚后近半个世纪的纯洁生活，既是托尔斯泰本人严格的自律，也有夫人巨大的影响在。非常遗憾的是，即使彼此都想控制自己的情绪，但两人在一起的晚年生活基本形同地狱。对邪恶势力都抱着"不抵抗主义"的托尔斯泰自然不想伤害夫人，夫人也还全面照顾关心他的生活起居，就是这样两个人，怎么成了怨偶，以至于无法共处一室？——阅读托翁文集，一边沉浸在他精彩的辩论和生动的叙事中，一边想到这样两个不幸的人，不免废书而叹。

托尔斯泰作品入选语文版语文教材、读本的有《七颗钻石》《穷人》《跳水》《艺术论（节选）》，入选其他版本语文教材、读本的有《俄罗斯性格》。茨威格以托尔斯泰坟墓为题的散文《世间最美的坟墓》也入选多种版本的语文教材。

莫泊桑　万花丛中过

被嘲弄的单相思

　　1864 年，时年 14 岁的莫泊桑坠入情网，在诺曼底北部的格兰维尔—伊莫维尔堡附近，他伸手伸脚躺在草坡上，沐浴着灿烂的阳光，听着百米悬崖之下的拍岸惊涛，梦想着与心仪的姑娘追逐嬉戏。

　　每个年轻多情的男孩都会做这样的美梦吧。我记得上初中的时候，一位学长喜欢班上的漂亮女孩，可那时候男女同学是不说话的，燃烧的激情憋出他一脸的青春痘，每天望着女孩出神，成绩节节败退。我当时很不屑，心想，赢得女生的喜欢有什么难的。我们学校前面是一条通往长江的大河，两岸垂柳依依，河上有座桥，我如果喜欢一个女孩，有月亮的晚上，我就在这桥上跟她说话，我相信用忠诚善良和爱心一定能打动那些好女孩。至于坏女孩，我是不会喜欢的。我给学长出主意，由我起草，他誊抄，每天写一首小诗，偷偷放在女生的课桌里。不久，这些诗句都被女生交给了班主任。班主任年轻气盛，自己还没结婚，发现学生居然如此"冒天下之大不韪"，遂要求他在全班朗读这些诗句，学长再也抬不起头来。毕业后，这位学长做了一名货车司机，我们没有再联系，不知道他的情感和婚姻会是怎样的结局。

莫泊桑也是这样。他为姑娘写下纯情的诗句，姑娘却在其他男友面前公然朗诵，语气中不乏嘲讽。受到伤害的莫泊桑愤然发誓：这一生决不再向任何女人付出真心。他说到做到。在他短暂却光彩照人的一生中，上至名媛淑女，下至风尘女子，无数女人为他的堂堂相貌和出众才华所吸引，围绕在他身边，崇拜、痴迷、倾倒，乃至沦落，他却只会报以狎昵和薄情。

可见少年时期的情感经历对一生影响之巨。少年人伸出他最初的情感触角，当小心谨慎，慎勿将心轻许人；教师遇到这类事情，亦当循循善诱，多加开导。

有祖有父皆风流

莫泊桑的心理补偿意识太强了。如果他不具有绝世才华，如果后来没有众多女子围着他打转，不知他的一生会怎样度过。也有人说，他的轻薄做派不只缘于少年时代所受的情伤，还有血液中的遗传因素在起作用。

莫泊桑的祖父原是一位财政官员，后来成了花花公子，成天只知道寻花问柳。莫泊桑的父亲也是嗜赌成性，游手好闲；成婚之后还与女仆、妓女等厮混。莫泊桑的母亲洛尔倒是一位外省资产者的大家闺秀，多愁善感而富有文化修养。她两次因丈夫的胡作非为而自杀，终于分居，带着莫泊桑兄弟避居于诺曼底北部的埃特尔塔。

莫泊桑的第一部长篇小说《一生》就是以自己的父母亲为原型的。《一生》讲述的是贵族小姐约娜凄凉孤独的一生。她受父母的影响，爱幻想，对未来有种种美好的梦想与憧憬，但冷酷无情的现实将她的梦想一个个击碎。少女时代，她渴望美好的爱情与婚姻。遇到了理想的人生伴侣于连，以为终于抓住了幸福，婚后却发现丈夫是个无耻之徒。约娜对爱情的幻想破灭了。

莫泊桑认为，女人就是为爱和被爱而生的。从爱情婚姻里得不到幸福，约娜遂转回头去，想从父母的关爱里获取安慰。父母之爱刚好给她失败的婚姻疗伤，温柔的血缘亲情使她的灵魂变得纯净起来。但不久，她又发现，父母年轻时都不乏风流韵事，她原来的精神支柱再一次坍塌，心灵更加孤独。

生下儿子后，约娜又将一生的希望寄托到儿子身上，把所有的温情灌注给儿子，盼望他长大成人，做一个正直坦率忠诚的好男儿。可是长大后的儿子很快变成了一个不折不扣的败家子，最后，她只能在仆人的帮助下度过余生。

为什么真心付出的爱，收获的全是欺骗与背叛呢？莫泊桑这部小说多少抨击了男性的风流成性给女子带来的痛苦，但身处其中，莫泊桑对自己的行为从没有反省。这是多么矛盾而复杂的事啊！不过，情感的痛苦仅仅是因为男子的背信弃义吗？

"漂亮朋友"的同谋

莫泊桑继承了家族男性的风流成性，也遗传了父亲的堂堂仪表：

> 他长着一副讨女人喜欢的令她们梦寐以求的相貌，然而却使所有的男人大为反感。一头浓密的黑发给光亮的前额抹上一层阴影；两道匀称的浓眉仿佛是画出来的，使一双阴暗的眼睛越发显得深邃而温柔；眼白似乎染上淡淡的蓝色。他那又密又长的睫毛赋予他的目光以多情的魅力，在文雅的沙龙里可以搅得美丽的高贵的贵夫人六神无主，也可以让挽着篮子穿街走巷的戴帽的娘儿们回过头来。蕴含在眼睛里的那种爱的忧郁美可以让人相信他思想的深度，给他的片言只语增加分量……(《一生》)

凭借着这副堂堂仪表和杰出的创作成就，莫泊桑顺利进入巴黎社交界，成为达官贵人、名媛贵妇的座上宾。在巴黎，他在行色匆匆的人群中游荡。凡是有名的地方他都去过——风流女子云集的地方，亲王们进进出出的所在，文人雅士集会的场所；闻名遐迩的咖啡店，食客满座的餐厅饭店，琳琅满目的珠宝店……在这里，他目睹了贵妇的荒淫，政客的厚颜，新闻的黑幕，整个上流社会的虚荣浮夸、尔虞我诈，凡此种种，都被他写进长篇小说《漂亮朋友》。

这部小说塑造了一个现代冒险家的典型——法国驻阿尔及利亚殖民军的下级军官杜洛瓦，来到巴黎，杜洛瓦穷困潦倒，经友人介绍进入《法兰西生活报》当编辑，他依仗自己漂亮的外貌和取悦女人的手段，专门勾引上流社会的女子，并以此为跳板，走上飞黄腾达的道路。最后他拐走了报馆老板的女儿，迫使老板把女儿嫁给他，并让他担任该报的总编辑。小说结尾还暗示：他即将当上参议员和内阁部长——不但毫无败露的迹象，反而前途不可限量，一片光明。

《漂亮朋友》一出版，就立刻迷住了公众的心窍，因为它正好代表了这一太平年头巴黎生活的欢乐。在这部小说里，有一群美丽的女人围绕着多情的诱色者打转，引起许多淑女才女的同感，一个个都成了"漂亮朋友"的同谋，一起欺骗可怜巴巴的丈夫。——原来躁动不安并非男人的专利，这是人性，与性别无关。

"漂亮朋友"是莫泊桑的化身，所有的女人都追求着他，不知不觉被他的出众才华和风流做派征服。连莫泊桑自己也不禁洋洋得意地承认："漂亮朋友，就是我！"莫泊桑承认小说中"恶劣"的主人公杜洛瓦就是自己，周围的女性朋友不以为忤，反而趋之若鹜，更证实了当时社会风尚的"放浪不拘"。

莫泊桑无意做道德批评，当时的巴黎上流社会也只是把这些小说看作对热闹风流、活泼生动的社会风俗的描述。看来，当偷欢成了一种社会风尚，严厉的人性审视就变得有些迂腐。人性的弱点造成了人生的苦痛纠结，这时，适度的放纵就带来了无限的生趣。当然，这里必须有一个前提：得像莫泊桑一样，有资本，输得起。否则，在输光之后，就只有暗自饮泣了。

爱 的 荒 漠

33 岁时他有个家，除他以外的唯一的家庭成员是他的男仆弗朗索瓦·塔萨尔。当然，他的生活中不乏女人。在家里，在大街上，莫泊桑成了太太小姐们围追堵截的对象。莫泊桑每次接到陌生女人来的信，都要细细推敲，首先要弄清写信人是否真是女性，然后辨明该女子是真心结交还是意在戏谑。因为在莫泊桑收到的散发着香水气息的女士来信中，的确出现过不少骗局。有一次，一个调皮的男孩以女人的口吻给莫泊桑写了一封求爱的信，竟骗过了莫泊桑。

爱情被饕餮之后，只剩下空虚和忧伤。这已是常识。感情在现实中遭受压抑，因有苦闷而寻找象征物，这种背景下的爱情最动人心魄。可是如果不是万般无奈，在现实中谁愿意选择这种爱情呢？这种人要么有先天生理缺陷，要么生性腼腆。莫泊桑正好相反，他漂亮多情又风流自赏，可奇怪的是，他的情感世界并不因为不缺女性更见丰富多彩。看来，老天还是公平的。

有好事者做过统计，说是作家从 18 岁到他 44 岁去世，亲近的女子数以百计。莫泊桑虽然从她们身上获得满足，但在精神上和心灵上总觉得无限空虚。32 岁时，他在《决裂的艺术》中写道："理智地看，既然有那么多妩媚动人的女人，我们总不能至死只忠于一个女人""每当我们顺便选择了一个女人，这只不过是对全体女性表示的一种敬意。既然我们无法同时摘取所有的花朵，天性就赋予我们以狂热，赋予我们以疯狂的短暂冲动，让我们去轮流地追求。"他又曾绝望地慨叹："我从没有爱过。我想，我太了解女人了，以致无法领受她们的妩媚。一切女人身上都有精神的存在和肉体的存在。要爱，就得遇到这二者和谐的人，而我却从来也没有遇到过这样的人。"

活该！

据说，在莫泊桑和女人的关系中，也有保持"纯洁友谊"的例子，但关于这一点，传记作家

莫泊桑

对它的叙述总是语焉不详或自相矛盾。我们没有必要给莫泊桑带上"纯洁"的面纱，根本就不要相信"浪子"的真情。莫泊桑早被自己惯坏了。这也没什么，有《羊脂球》《一生》《漂亮朋友》，有我们熟悉的《我的叔叔于勒》《项链》，有这些辉煌的创作业绩，他输得起，赔得起。普通道德又岂为此辈而设！

唯一的对手：病魔

上文细说他的情感生活，我们不能以自己的道德标准来质疑莫泊桑的文学成就。终其一生，他创作了三百五十多部中短篇小说。这些小说有反映普法战争的，有描写法国繁华而虚荣的世俗百态的，还有描写普通民众的悲惨生活的。莫泊桑注视着芸芸众生在谋生之路上的艰难跋涉，在他的笔下，人性的正直、淳朴和

宽厚，在漆黑无望的生活中闪耀出难能可贵的温情。这些小说构思别具匠心，情节变化多端，刻画人情世态惟妙惟肖。它们为莫泊桑赢得了"短篇小说之王"的称号，使他与契诃夫和欧·亨利并列为世界三大短篇小说巨匠。

莫泊桑的生活趣味十足。他在塞纳河边徜徉，所经历的种种奇遇、艳遇、巧遇，都成了他创作优秀短篇小说的题材；他在诺曼底故乡定居，驾船出海，骑马打猎，围着篝火听农夫讲故事，将所见所闻写进他的小说里，呈现出"朴素的真实"；他取道海上去非洲旅游，深入南方，在撒哈拉大沙漠中跋涉，在茫茫沙漠深处，他觉得繁华的巴黎也不过是一座巴比伦废墟。

他轰轰烈烈地活过了。

身体的渴望使他无法遏止"堕落"的脚步，情感的空虚又让他手足无措。老天厚爱他，同时也对他十分刻薄。

像风流成性的家族传统一样，精神疾患的遗传基因也没有放过他。疾病的阴影一直伴随着他年轻勃发的生命。

自30岁起，莫泊桑偏头痛的发作日趋频繁，右眼的调节功能全部丧失，心跳紊乱。42岁时病情急转直下，求生的欲望使他四处求医，但又继续迷恋于放浪的生活。1892年1月2日，43岁的莫泊桑自杀未遂，渐渐失去康复的信心。五天后他被送入精神病院。

一向潇洒穿梭在万花丛中，不肯停留脚步倾注深情的莫泊桑，居然感到前所未有的孤独。走在巴黎繁华的街道上，他觉得孤零零的；听着贵妇人沙龙里的高谈阔论，他觉得孤零零的；回到寓室，他甚至"害怕各处的墙壁，害怕种种家具"：

　　我说话了！我害怕我的声音。我走动了！我害怕有什么陌生人躲在门背后，躲在窗帷背后，躲在衣柜当中，躲在床铺底下。然而，我知道无论在哪儿也没有。我突然向后一转，因为我害怕我背后有什么东西，尽管那本来什么也没有而且我也知道。（《他?》）

这无边的孤独和空虚使他产生了幻觉，以为家里坐着一个陌生人，他伸手过去，却发现那原也是一片虚空。一辈子逃避婚姻，害怕付出深情的他甚至动了找个女人结婚的念头。年轻、健康、光彩夺目的时候，他拒绝过多少优秀女子的痴情啊，此刻，当初的洒脱都成了"错过"。他这一生，注定是要在巴黎这样的花都里沉醉，被那绵软、华靡的气氛浸泡，终于无力自拔，不能解脱的。

1893 年，这个风流了一生的"漂亮朋友"，这位笔耕了一生的作家辞世，享年仅 44 岁。

左拉在给莫泊桑的悼词中这样写道："既然他以昂贵的代价换来了香甜的安息，就让他在怀着对自己留下的作品永远富有征服人心的活力这一信念，香甜地安息吧。他的作品将永生，并将使他获得永生。"——谁说不是呢?

莫泊桑作品入选语文版语文教材、读本的有《项链》，入选其他版本语文教材、读本的有《福楼拜家的星期天》《我的叔叔于勒》《两个朋友》等。

王尔德　破碎之心看瞬间之美

　　他，曾经是人们眼中的纨绔子弟，也曾是流行时尚的风向标；

　　他，是爱与美最彻底的歌者，破碎的心与无私的爱打动过无数读者；

　　他，对婚姻冷嘲热讽，却深陷"断袖门"而身败名裂……

　　辞世一个世纪以后，人们仍在演出关于他的电影，谈论关于他的话题；至于他的著作，应该会伴随着大人和孩子，度过无尽岁月。

　　王尔德（1854—1900）给儿子讲自己写的童话时，情不自禁哭了起来。儿子问他为什么哭了，王尔德说，真正美丽的事物总会使他流下眼泪。

　　这个出身爱尔兰的诗人最后安葬在巴黎拉雪兹墓地。他的祖国在他活着的时候不是很喜欢他。在他安息处的墓碑上，王尔德被誉为"才子和戏剧家"。

1888 年 5 月，他的第一部童话集——包括《快乐王子》《夜莺和玫瑰》《自私的巨人》《忠诚的朋友》《神奇的火箭》在内的《快乐王子及其他》出版了。在这之前的两三年，他的两个儿子先后出生，和儿子的相处激发了他写作童话的欲望。此书一出版，立即洛阳纸贵。

王尔德被称作是唯美主义作家，他的每一部童话几乎都有一个因为至爱而变得至美的形象，这位"为艺术而艺术"的始祖为我们抒写了超越时代的美好情感。

理查德·伊曼这样描述他：岁月肯定了他最优秀的著述，他安静地来到我们面前，杰出而高大，讲着寓言和哲理，欢笑而又哭泣，如此娓娓不绝，如此风趣不俗，如此确凿不移。

时髦的浪荡子

在欧洲历史上，浪荡子们以考究的着装和仪表，机智的谈吐和玩世不恭的态度，使大众震惊。他们追求极致的感官生活，具有明显的反叛性。我们接受的通俗教育的常识是"艺术源于生活，但高于生活"，王尔德却宣称："我把艺术视作最真切的现实，而把生活仅仅看成一种虚构的模式。"他认为艺术不受道德约束，艺术家应该是绝对自由的。

普通人最愿意遵守道德，因为道德是大众伦理的基本约束，可以保障平庸者最基本的权益不受侵犯。普通大众最喜欢扮演道德模范，对超出自己榆木疙瘩脑袋所能容忍底线的道德冒险者，

王尔德与阿尔弗莱德·道格拉斯

天生有一种审判者道德在握的快感。其实，是因为他们的生命力不够旺盛，他们的灵魂孱弱不堪。君不见当年的道德冒险，现在已经成为稀松平常的事了，同性恋即是一例。

王尔德说过的话，当时振聋发聩，今天亦有"洗脑"之功效。我们看看这位浪荡子有趣的"满口胡言"：

◆ 生活中有两个悲剧：一个是得不到想要的，另一个是得到了不想要的。

◆ 当爱到了终点，软弱者哭泣，精明者马上去发现一个，聪明者早就预备了一个。

◆ 我能抵抗一切，除了诱惑。

◆ 摆脱诱惑的唯一方法就是向它屈服。

◆ 如今是这样的时代，看得太多而没有时间欣赏，写得太多而没有时间思想。

◆ 你的错误不是对生活所知太少，而是知道得太多了。你已把童年时期曙光中所拥有的那种精美的花朵、纯洁的光、天真的希望，快快乐乐地抛在后面了。你已经迅捷地奔跑着，经过了浪漫进入了现实。

◆ 一个男人只要不爱女人，就能跟女人相处得很愉快。

◆ 心是用来碎的。

其中不少句子好像说的是今天的现实生活，不少句子还可以用来作为中高考作文的命题材料呢。

他衣冠楚楚、仪态万方，以优雅的唯美主义姿态对抗庸俗的实用主义，凭着最高级的智慧和出色的洞察力，把庸俗大众从社会习俗和道德束缚中解放出来。但是他生活的维多利亚时代无法容忍他这样超前的人物。他外表幸福的婚姻生活后面的同性恋行为，也使得他现世的人生之路越走越窄。他是英国文化的精英，又是有伤风化的罪人。——他和阿尔弗莱德·道格拉斯的一场感情纠葛，使得他不仅因同性恋罪入狱，蒙受名誉上的污损；还连累家中财产全部被拍卖，妻子带着两个儿子远走他乡，过着隐姓埋名的生活。

20世纪60年代和90年代相继有三部影片表现他的这段恋情和他才华横溢的一生。他死之后，人们原谅了他，他倍享哀荣。每年有上万个女人在他的墓碑上留下多情的吻。英国首相丘吉尔说下辈子最愿倾心长谈的人是王尔德。

是一种怎样难以遏制的深情激荡在诗人的心胸，让他在难以为怀之后抛弃一切现世的荣耀呢？王尔德绝不是循规蹈矩的人，他喜欢炫耀他的另类，华丽的衣饰，反叛的言行，但他不会主动丢弃一切荣誉而去选择牢狱之灾吧？一定是无法掩饰的深情，才让他一点点沉陷，终至于被全社会抛

按照王尔德意愿设计的有着
狮身人面像的墓地

弃。这是一种让人毁灭的情感，不过，对于当事人，也许是一种幸福的沉沦，谁知道呢？

即使是今天，普通人也不一定懂得王尔德和阿尔弗莱德·道格拉斯的情感，但幸运的是，更多的人宽容了这种情感。

《快乐王子》预演了王尔德的人生

这位 19 世纪最伟大的英国文学家，与中国宋代那位多情的词人柳三变一样，临死的时候都是一文不名；他自己的童话《快乐王子》惊人地预演了自己的一生。

《快乐王子》是王尔德最著名的童话。故事中的王子生前住在逍遥宫里。白天，他和小伙伴在花园里玩耍，晚上，他带领大家在大厅里跳舞。幸福快乐一生的王子，死后被塑成雕像，高耸在城市上空。他的心虽是铅做的，却因看清了城市里的肮脏与穷苦而充满悲悯之情。王子说："我死后，他们把我安置在这么高的地方，以至于我看见了这城里的一切丑陋和苦难。虽然我的心是铅做的，可我还是忍不住哭泣。"这时，王子遇到了到南方过冬的小燕子，王子让小燕子成为自己的信使，让小燕子取下自己身上的红宝石、蓝宝石以及金片去接济穷人。最后，王子变得破损不堪，冬天也越来越近，善良的小燕子不肯离开已经瞎眼的王子，亲吻了王子之后，在寒冷中死去。就在此刻，雕像体内发出一声奇特的爆裂声，王子的那颗铅做的心裂成了两半。

可是，等到王子成了人们眼里一尊丑陋的雕像时，马上被人们无情地推倒，并扔进炉里熔化。他的一颗充满爱意的铅做的心，因为难以熔化而被工人随意扔在垃圾堆里。

这是王子的童话故事，我们再来看看王尔德真实的生活故事。王尔德的父亲是一名外科医生，母亲是一位诗人。王尔德早年就读于三一学院，成绩优秀，后来的剧本和诗歌创作使他一举成名。入狱前，王尔德的生活波澜不惊，追求物质上的享受和穿戴上的时髦。事业上一帆风顺，如日中天，已显然成为了一位著名的诗人、剧作家。入狱两年，备尝人间地狱般

王尔德

的生活。出狱后，他漂泊流浪，孤寂中，英年早逝。王尔德的痛苦主要来源于两个方面：同性恋事件和对家庭不负责任的态度。同性恋在当时社会是世人所不能接受的，被视为"极其伤风败俗的行为"。正如他自己的名言所说："一个好的名声，就像好的意向一样，在很多个举动中形成，在一个举动中失去。"

入狱前，王尔德从来不知什么叫眼泪，什么叫痛苦。他是伦敦赫赫有名的纨绔子弟，擅长辞令的天才。人们模仿王尔德的衣着服饰，重复他的俏皮话，仿效王尔德购买贵重的宝石。对于充斥英国社会的种种不公平的现象，王尔德一向视而不见。每当遇到这种情况，他用巧妙的笑话加以回避，转而去读书、写诗。但是，在被判刑入狱后，过去的一切荣华都已告终结。朋友们争先恐后离他而去，书籍被焚毁，妻子在痛苦中去世，子女的监护权也被剥夺。王尔德最后因病于巴黎的阿尔萨斯旅馆去世，终年46岁。

在遭到毁谤近一个世纪以后，英国终于给了王尔德树立雕像的荣誉。1998 年 11 月 30 日，王尔德雕像在伦敦特拉法尔加广场附近的阿德莱德街揭幕。雕像的标题为"与奥斯卡·王尔德的对话"，同时刻有王尔德常被引用的语录："我们都处在阴沟里，但是其中一些人却在仰望着天空中的星星。"

王子深爱饱受穷病之苦的众生，最后却被冷漠地抛弃；王尔德给这个世间创造了许多动人的童话、精彩的戏剧和诗歌，最后因同性恋而被人们抛弃。——这两者之间不具备完全对等的可比性，因为同性恋不是什么值得褒扬的行为，但是王尔德的人生因此迅速走向绝境，却不仅是他个人的悲剧，也是那个时代的悲剧。在人类越来越走向宽容、包容，在不侵犯别人隐私已成为基本常识的今天，王尔德的悲剧人生让人无比叹惋。

真爱为什么一定要碎心？

传说中有一种鸟，它毕生只歌唱一次，但歌声却比世界上任何生灵的歌声都悦耳，它一旦离巢去找荆棘树，就要找到才肯罢休。它把自己钉在最尖最长的刺上，在蓁蓁树枝间婉转啼鸣。它超脱了垂死的剧痛，歌声胜过百灵和夜莺。一次绝唱，竟以生命为代价！然而整个世界都在屏息聆听，就连天国里的上帝也开颜欢笑。只有忍受极大的痛苦，才能达到尽善的境界……

这是澳大利亚女作家科林·麦卡洛所著《荆棘鸟》一书的引子。许多人熟悉这个故事，为女主人公梅吉和神父拉尔夫的绝望爱情一掬同情之泪。拉尔夫向往教会的权力，却爱上了美丽少女梅吉，他抛弃了世俗的爱情，然而内心又极度矛盾和痛苦。

不知道为什么，一切纯美的爱，都是凄艳的。荆棘鸟的勇敢个性和悲剧结局，与王尔德的《夜莺与玫瑰》有异曲同工之妙。

《夜莺与玫瑰》讲述的是一个青年学生想要一朵红玫瑰花，以便与他心爱的姑娘跳舞。可是在寒冷的冬天，他无法找到一朵红玫瑰。在他感到绝望时，夜莺听到了他的哭诉，决定帮他。

等到月亮挂上了天际的时候，夜莺就朝玫瑰树飞去，用自己的胸膛顶住花刺。她用胸膛顶着刺整整唱了一夜，就连冰凉如水晶的明月也俯下身来倾听。整整一夜她唱个不停，刺在她的胸口上越刺越深，她身上的鲜血也快要流光了。她开始唱起少男少女的心中萌发的爱情。在玫瑰树最高的枝头上开放出一朵异常的玫瑰，歌儿唱了一首又一首，花瓣也一片片地开放了。起初，花儿是乳白色的，就像悬在河上的雾霭……如同一朵在银镜中，在水池里照出的玫瑰花影。然而这时树大声叫夜莺把刺顶得更紧一些。"顶紧些，小夜莺，"树大叫着，"不然玫瑰还没有完成天就要亮了。"于是夜莺把刺顶得更紧了，她的歌声也越来越响亮了，因为她歌唱着一对成年男女心中诞生的激情……于是夜莺就把玫瑰刺顶得更紧了，刺着了自己的心脏，一阵剧烈的痛楚袭遍了她的全身。痛得越来越厉害，歌声也越来越激烈，因为她歌唱着由死亡完成的爱情，歌唱着在坟墓中也不朽的爱情……明月听着歌声，竟然忘记了黎明，只顾在天空中徘徊。红玫瑰听到歌声，更是欣喜若狂，张开了所有的花瓣去迎接凉凉的晨风……夜莺躺在长长的草丛中死去了，心口上还扎着那根刺。中午时分，学生打开窗户朝外看去。"啊，多好的运气呀！"他大声嚷道，"这儿竟有一朵红玫瑰！"他俯下身去把它摘了下来，随即朝教授的家跑去。教授的女儿正坐在门口。"你说过只要我送你一朵红玫瑰，你就会同我跳舞，"学生高声说道，"这是全世界最红的一朵玫瑰。你今晚就把它戴在你的胸口上，我们一起跳舞的时候，它会告诉你我是多么爱你。"

然而少女却皱起眉头。"我担心它与我的衣服不相配，"她回答说，"再说，宫廷大臣的侄儿已经送给我一些珍贵的珠宝，人人都知道珠宝比花更加值钱。"

"爱情是多么愚昧啊！"学生一边走一边说……

爱情是如此伟大，爱人是如此渺小。

美好的爱总是这么无私纯粹，这么摧肝裂胆，这么催人泪下。但是，所有真诚、真切、真心的付出，基本上都是被漠视、被践踏、被玷污。

"我本将心托明月，奈何明月照沟渠"，说的也是这种巨大而沉痛的绝望。

这世上有不朽的爱吗？王尔德无可奈何写了这"坟墓里的爱情"，他认为，只有由死来完成的爱，才是永远不朽的爱。就算是抛弃了一切进了监狱，出狱后，在儿子和情人之间，他还是选择了情人阿尔弗莱德·道格拉斯，可是两人很快又分手了。王尔德一定是因为绝望而死去，贫病只是外在原因。

在《公主的生日》这篇童话中，漂亮的西班牙公主要过12岁生日，两位贵族送给小公主一个会跳舞的丑陋的小矮人作为生日礼物。

小矮人一点也不知道自己很难看——多数人都不知道自己"很矮很丑"，这是受压迫的弱者活下去必须有的障眼法。

小矮人爱美丽的公主，他以为公主也爱他——我们也常常有这种错觉，也有错觉被摧毁后的裂心痛楚。

当他发现自己是那个奇丑无比、弯腰驼背的怪物，小公主只不过是在嘲笑他的丑态时，他痛苦万分。"小矮人再也没有抬起头来，他的哭泣声越来越弱了，突然他发出一声奇怪的喘息，并在身上抓起来。然后他又倒了下去，一动不动地倒下了。""他的心碎了，他很悲哀，他死了。"——我们在情感世界里一次次"心碎"，没有死去，是因为我们学会了妥协。

更让人难以接受的是，在得知了小矮人心碎而死以后，小公主厌恶地皱皱眉头，说："真是讨厌的东西，以后让那些来陪我玩的人都不能带着心。"然后，她像什么也没有发生一样"朝外跑进花园里去了"。——美丽为什么如此野蛮，善良的爱情为什么这么卑微？

在《渔夫和人鱼的故事》里，渔夫爱上了海里国王的独生女，人鱼没有灵魂，渔夫心甘情愿送走自己的灵魂，来到大海和爱人会合。灵魂为了回到他的身边，每年都来到海边呼唤渔夫，第三年，灵魂成功地诱使渔夫离开了爱人。渔夫以为只是一天的别离，可是一旦灵魂重新回到自己身上，渔夫就无法回到海底了。渔夫在海边呼唤了人鱼，等来的却是她的尸体。当他发现自己的爱人死去时，他的心因为充满了不能承受的爱而破裂，他和小人鱼在神的怀抱中得到了永恒的爱情：

这位痛苦的泪人儿一下子扑倒在了她的身边，他吻着她那冰冷的红嘴唇，抚弄着她头发上打湿了的琥珀。他扑倒在沙滩上，躺在她的身边，哭得像一个因兴奋而颤抖的人，他用自己褐色的双臂把她紧紧地拥在胸中。她的嘴唇是冰冷的，但他依旧吻着它。她头发上的蜜色是咸的，可他仍然带着痛苦的快乐去品尝它。他吻着她那双紧闭的眼皮，她眼角上挂着的浪花还没有他的眼泪咸……他疯狂地吻着美人鱼冰冷的嘴唇，他的那颗心呀都碎了。就在他的心充满了太多的爱而破碎的时候，灵魂找到一个入口就进去了，就跟从前那样与他合为一体了。海水终于用它的波涛淹没了这位年轻的渔夫。

"恨人神之道殊兮，怨盛年之莫当……悼良会之永绝兮，哀一逝而异乡。"这是曹植在《洛神赋》里说的话。产生凄美爱情的双方多半是"人神殊道"，渔夫和人鱼是这样；曹植和宓妃是这样；李商隐的多首无题诗写的是这种隐情，朱彝尊的"风怀二百咏"也写的是这种无奈。古今中外如此一致，说明情感越纯粹，爱着的人越绝望。王尔德的这个故事再一次告诉我们，渔夫只有心碎了，人鱼只有死了，他们的爱才会持续。正如王尔德所说，只有坟墓里的爱才是不朽的。

在王尔德的童话中，几乎每一个故事都以一颗破碎的心为结尾。其实，这些破碎的心都是作者那颗敏感而多情的心的折射。读者的心，也常常在悲凉的浓雾中得到净化。

被他嘲弄的婚姻：三个人才热闹，两个人太单调

《不可儿戏》是王尔德最流行最出色的剧本，也是他重要的

代表作之一。批评家认为该作是现代英国戏剧的奠基之作。这是有情人终成眷属的热闹喜剧，与前面介绍的悲剧童话，恰成补充。全剧分为三幕，作者自己评价："第一幕很巧，第二幕很美，第三幕呢妙不可耐。"

主人公亚吉能是维多利亚时期典型的花花公子，看似玩世不恭，却往往语出惊人，他认为"谈情说爱固然很浪漫，可是一五一十地求婚一点儿也不浪漫。喏，求婚可能得手。我相信，通常会得手的。一得手，兴头全过了。浪漫的基本精神全在捉摸不定"。

亚吉能对婚姻并没有太大的兴趣，他宣称万一他自己结了婚，一定要忘记自己是结了婚。为了能随时下乡去寻欢作乐，他断言"婚后的日子，三个人才热闹，两个人太单调"。

我们的常识是，爱情是两个人的事情，婚姻自然也是。可是王尔德恶毒地说婚姻生活里"两个人太单调"。仔细思量，不是有人把现世婚姻比作围城吗？围城里是什么，自然是困兽。为什么两情相悦海誓山盟，走到一起就成了困兽呢？

王尔德说："一生只爱一次的人是肤浅的，他们把那叫做忠贞不渝，我却叫做习惯性懒惰或是缺乏想象力。情感生活的忠贞不渝就如同智力生活的一成不变一样，简直是承认失败。"

他是在挑战整个社会。不管怎样，忠贞不渝是件好事，于人于己，于社会于国家。安稳平静，多好啊！

但是，总有一些桀骜的灵魂，把安稳平静打破打碎。他到底要什么呢？就像智力和想象力超群一样，他们在情感世界也超群绝俗，视普通人感情的金城汤池为藩篱。他们把自己折腾得够苦，也把别人伤害得够深，还乐此不疲、大言不惭，真是人间怪物！

王尔德在童话里编织了最纯粹最美丽的画面，塑造了体现爱与美的极致的人物，在戏剧作品里却如此刻毒。但是，谁敢说他说的就不是生活的真相呢？

"三个人才热闹"，其实是一种调侃。如果我们将其理解成，第三个人是对沉闷生活的警告，是对一成不变的尘世生活的挑战，也许有积极意义。

婚姻并不是终点，而是一个崭新的开始。婚姻中的两人，都应做好最充足的准备，去面对凡庸的现实，因为爱情曾经点亮过彼此的双眼，而世俗岁月会将当初的微光一点一点熄灭。就像面对一堆行将熄灭的柴火，如果两个人都不会拾柴，不会点火，而是相反，淋雨、浇水、吹风，那么婚姻就真的成了围城，成了痛苦的篱笆。

不曾有过强烈爱情的婚姻更好维系，因为彼此没有更多要求，见识过天堂的人如何肯下凡尘？可是，打着闹着，不知不觉间，就下了地狱。

王尔德无意写社会问题，更无意做写实主义作家，但他却在不经意间描绘出了爱情与婚姻的真谛。他说："这出戏琐碎得十分精致，像一个空想的水泡那样娇嫩，也有它自己的一套道理。那就是，我们处理生活的一切琐事应该认真，而处理生活的一切正事，应该带着诚恳而仔细的作风……"

浪漫唯美如王尔德，尚且说要"带着诚恳而仔细的作风"处理自己的生活，可能是他经历了太多的琐细。

他曾飞翔在天上，心破碎了，回到人间，也没有归宿。最后，他告诉我们，好好经营自己的生活吧，如果还希望有一丝快乐。

我想，也是。

王尔德作品入选语文版语文教材、读本的有《快乐王子》《巨人和孩子》（即《自私的巨人》)《两门至高无上的艺术》。

契诃夫　新的生活在哪里

风格——幽默之外的忧郁

契诃夫是个容易让人误解的作家。

大家都读过他的《小职员之死》《变色龙》《胖子和瘦子》什么的，蛮搞笑。只是觉得《凡卡》有点惨兮兮的。

高中有篇课文叫《套中人》，有《变色龙》的味道，但是多了些厚味。

全面来看，他其实不是一个幽默作家。

契诃夫1860年出生于罗斯托夫省塔甘罗格市。他的祖先是农奴。1841年，他祖父为本人及家属赎取了人身自由。他父亲起初是一名伙计，后来自己开了一家杂货铺。因为不善经营不久破产。

关于不善经营，这里说一段他爸的糗事。杂货店卖食用油，有一次，油里掉进去一只老鼠。按理，这油是不能卖了。他爸舍不得倒掉，又觉得这样卖给人家有违宗教精神，于是请来神甫对着油桶念咒语，希望借此净化被污染的食油。真相不久被人知晓，谁还敢来买他的油呢？油这样，其他的东西可能也不干不净吧？杂货店渐渐门可罗雀，终于关门大吉。

破产后全家迁居莫斯科，穷得挤在一张破毡子上睡觉。契诃夫一人在故乡继续求学，度过了相当艰辛的三年。1879 年，契诃夫进入莫斯科大学医学院学习。

1880 年，幽默刊物《蜻蜓》发表了契诃夫的处女作《一封给有学问的邻居的信》。这是契诃夫的文学生涯的开端。作者嘲笑了一个不学无术而又自命不凡的地主。当时沙皇采取高压政策，报馆为生存只能登些"今天天气哈哈哈……"之类的无聊文字。契诃夫在上大学期间，为了补贴家用，曾用不同笔名发表了三百多篇这类消遣解闷的文字。这当中也有优秀的，如写于 1883 年的《小职员之死》《胖子和瘦子》，写于 1884 年的《变色龙》等。这以后，他的文风渐渐变得深沉起来，如我们熟悉的《哀伤》（1885），《苦恼》（1886）和《凡卡》（1886）等。

《苦恼》写一个年老车夫由于儿子病死了，心里很痛苦、郁闷，想向乘客诉说，但乘客们只关心自己的事，没有一个人愿听，反而骂他啰唆，催他快赶车。他只好对自己的马诉说："打个比方，如果你生了个马驹突然死了……你说，你不痛苦吗?"

《凡卡》我们都很熟悉，凡卡不愿在城里当"学徒"，写信给乡下的爷爷，希望回到爷爷身边去，但他寄信没有写明地址，他的忧伤，他的呼喊，他的哀嚎永远送不到他唯一的亲人祖父那里。即使按地址寄到了他爷爷手上，他爷爷也不可能实现他的请求，把他带回乡下去，他的爷爷也孤立无援，否则不会送他去当"学徒"。这种生存的窘困也是契诃夫少年艰辛生活的曲折反映。

要说幽默，主要集中于他创作的第一时期。可能由于中小学教材选文的原因，我们对这个作家有了一些误会。不过在那种生计都难以维持的情况下，还能苦中作乐写幽默小品，足见契诃夫不乏幽默天赋。成熟后的契诃夫手中的笔，就像他的手术刀一样，无情地揭露人间丑态，同时又具有浓郁的抒情意味。

1888 年契诃夫获得了俄国皇家科学院的"普希金奖金"。1890 年 4 月，契诃夫去萨哈林岛考察。在岛上，他亲眼目睹了野蛮、痛苦和灾难的种种极端表现，于 1892 年写出了《第六病室》。这部小说的画面震撼人心。据说苏联革命领袖年轻时读了这部作品，顿时"觉得可怕极了"，觉得他"自己好像也被关在第六病室里了"。这一阶段被称为他创作的第二阶段。重要作品还有《草原》。这部中篇小说的主人公，是一个叫叶戈尔的儿童，他的一位商人叔叔，带着他乘一辆破旧的带篷马车穿越草原，去城里上中学，在漫长的旅途中遇到了种种波折。在穿越草原的过程中，小叶戈尔目睹了大自然绚丽多彩的风光，结识了农民、车夫、商贾，耳闻了各种奇闻轶事，他时时回想起祖父、祖母、母亲，又时时被草原的景色迷醉。草原风光变幻无穷：黎明晨雾缥缈，朝霞辉映；白天皓日当空，开朗明媚；晚间夜幕笼罩，幽静神秘；风雨天，狂风怒嚎，威慑天地。这一切使小叶戈尔觉得新鲜神奇，他感到整个草原充满了迷人的青春活力。

第三阶段的主要作品有《文学教师》《黑衣修士》（1894），《脖子上的安娜》《带阁楼的房子》（1895），《醋栗》《姚尼奇》

《套中人》（1898），《带小狗的女人》（1899），《在峡谷里》（1900），《新娘》（1903）等。这些作品，带有明显的忧郁情绪和感伤色彩。充满了对沉闷无聊生活的痛恨，对未来的渺茫希望，以及看不到出路的迷惘。读这些小说，让人心情沉静，作品反映的是沙皇统治下的黑暗，但也揭示了不同时期人类遭遇的共同命运，即对平庸的日常生活的痛恨，对永恒诗意生活的向往。

这样的生活在哪里呢？契诃夫用不同的文本苦苦追问。

主旨——不能再这样生活下去

在契诃夫晚期的许多作品中，充满着一种在当年极为典型的社会情绪："不能再这样生活下去！"契诃夫的著名剧作《海鸥》《万尼亚舅舅》《三姊妹》和《樱桃园》也是在这个时期写就的。

"这样的生活"对普通大众来说就是现实背景下的日常生活。它压抑、呆板、空虚，它缺乏爱意、充满背叛，它寡廉鲜耻、没有灵魂……

但大多数人每天的日子就是这样过来的，只有心灵极为敏感的时候才去想：这一切是合理的吗？不这样，我们又能怎样呢？

遇到了一段新的恋情，把德米特利·德米特利奇·古罗夫从虚伪的生活中提升出来，在婚姻困境里苦苦挣扎同时又游戏人生的浪子，终于被真情打动，但是这段爱情会是什么样的结局呢？评论家说，小说《带小狗的女人》以朴素清新的笔调描写了两个恋人，在充满伪善和虚假的社会里，他们好似一对被分别关着的"笼中鸟"。小说揭示了沙皇专制的俄国压制和扼杀着一切美好、健康和真诚的东西。——这话不错，但是，这种事不是沙皇一被推翻就能解决的啊。它是人类生存的永恒困境。哪个政府能给婚姻围城里的人带来"苟日新，日日新"的爱情呢？

"不能再这样生活下去！"是当年俄国的一种典型的社会情绪，它几乎渗透在契诃夫晚年创作的每个作品之中。"不能再这样生活下去"的结论是兽医伊凡·伊凡内奇作出的。在《醋栗》中，兽医伊凡·伊凡内奇无情地否定不合理的生活，斥责那些过着这种生活而又感到幸福的自私自利者，他急切盼望革新生活。《在峡谷里》整篇作品浸透着一种情绪：在峡谷里的这种昏暗生活必须更新。《带阁楼的房子》批评了"小事情论"。但是，作家在否定眼前生活的同时，他也不知道路在何方。

这类小说不免充满感伤气息。实际上小说家的任务就是指出当下生活的不合理，而不是告诉你应该怎样生活。作家的声音必须是振聋发聩的，能让大众从平庸的生活里警醒过来，促进大家的思考，让本以为很幸福的人对自己的生活也有批判意识，甚至觉出生活原来这么糟糕，从而让大家厌恶庸俗，有所超脱。

契诃夫后期作品一直在思考这类主题。

他个人也在追问，自己的生活怎样才是美好的，有意义的。他认为生活中不能没有爱情，但又不愿意为爱情作出牺牲。他担心婚姻会给他增加新的烦恼。

情感——游离在爱情边缘

跟许多作家不一样，在爱情生活里，契诃夫好像有些羞怯。

他主动去追求女人的事是少有的。面对爱情，契诃夫呈现着"屠格涅夫式"的情势：当勇敢的姑娘爱慕他，向他倾心诉说自己的爱情时，他却往往拒绝了这种幸福。到底是什么原因呢？有人猜测他是为了保持自己的独立性而拒绝女性的闯入。

一个叫莉季娅·米济诺娃的姑娘，曾使他长久着迷。契诃夫认识她的时候，她 19 岁，是个俄语教师，有着浅灰色的卷发、如黛的双眉、灰色明亮的眸子。她天真活泼，聪明伶俐，诙谐有趣。契诃夫以自己的才华、端正的相貌和温柔的微笑征服了她。

奇怪的是，莉季娅越对契诃夫表示好感，契诃夫就越对她敷衍和嘲笑。其中充满着半吞半吐，欲言又止。在往情感高峰攀登的过程中，契诃夫很能控制自己的情绪，对两情相悦的最高境界并不很向往。他跟屠格涅夫一样，只是喜欢恋爱的氛围。不同的是，屠格涅夫的回避是因为对激情之后平庸生活的恐惧，契诃夫则是因为他自己有一个完善自足的精神世界，在这里，没有一个人堪与他匹敌。他盘旋其间，不希望被打扰，再深的浓情蜜意在他的精神王国里也黯然失色。

契诃夫写了许多动人的爱情故事，但他本人对爱情不是很相信，缺乏足够的感情力量和宽阔的胸怀接受真实的爱情。跟莫泊桑、拜伦不同，他青少年时代并未受到爱的伤害。

契诃夫喜欢莉季娅，但他不敢抑或是不愿越雷池一步，唯恐陷入难解难分的关系之中。他怕麻烦。他太清楚爱情最后的结局：琐碎的婚姻生活会让最初的爱情面目全非。

只是到了很久以后，他才认识到婚姻与生命有着同等价值，但是他那时已经生命垂危，一切为时已晚。

这样做是契诃夫的自由，但是他不给承诺的态度造成了莉季娅的爱情悲剧。莉季娅盼望契诃夫向自己倾吐爱慕之情，而契诃夫总是巧妙化解。他们可以促膝相谈，开一些善意的玩笑，给她起一些荒唐的绰号，但是，当着莉季娅的面他从不轻易表现得那么认真和热烈。他惧怕莉季娅那青春的风姿、泼辣的派头和忧郁滑稽的举动对他的诱惑。

他给友人写信说："我不想结婚，我想当一名坐在漂亮的工作间里，置身于一张大写字台前的秃顶小老头。"纸和墨已经占据了他的生活，要一个女人，即使是令人倾心的女人干什么呢？能对写作带来什么好处呢？但是那种秘而不宣的爱情又使他心灵上感到快慰，他觉得是丢不开的。这样看来，他有些自私。女人的青春经不起这种奢侈的消耗。

说契诃夫不爱莉季娅也不公平。他的心情很矛盾。一会儿他这样给她写信："唉，我已经是一个老大不小的年轻人了，我的爱情不是太阳，它既不会给我自己，也不会给我所喜爱的小鸟带来福音。我热恋的并不是你，在你身上我所热爱的是我往昔的痛苦和失去的青春。"可是两天之后，他又改变了腔调："给我写信吧，哪怕只写两行字也行，请不要这么快就把我忘掉，至少也请你装着还记得我的样子……我从头到脚，整个灵魂，全部身心都是属于你的，直到我进入坟墓，完全忘却自我。"

这种捉摸不定的局面，使莉季娅心绪不宁。

她意识到在契诃夫甜言蜜语的背后，始终隐藏着不想与她结婚的念头。最后，她对契诃夫感到绝望了。莉季娅既疲乏又痛苦，精神忧郁，自暴自弃的念头油然而生。她在信中对契诃夫说："我像一根两头点燃的蜡烛，拼命糟蹋自己，请帮我把这根蜡烛尽快燃尽吧，燃得越快越好……世界上只有一个人能阻止我进行这种有意识的自我摧残，但这个人对我却漠不关心。"为了摆脱契诃夫那种即使在远方也纠缠着她的诱惑力，她做了别人的情妇。

契诃夫

跟莉季娅分手不久，契诃夫又把全部感情转向了在莫斯科遇到的另一个女人，年轻的演员亚沃斯卡娅。

才华出众、温文尔雅的契诃夫身边从不缺年轻女子，但他始终是孑然一身。莉季娅与别人的亲近，本来是为了唤回契诃夫，但契诃夫"回绝"了她，终于弄假成真。不久又遭人抛弃，莉季娅由于怀孕留在瑞士，孤苦伶仃，悲痛欲绝，小孩生下后不幸夭折。从此，她孤身一人度日。契诃夫这时已对她失去好感，爱情的歌手在真实的爱情领地里原来很残忍。

婚姻——最后的沦陷

契诃夫40岁的时候才去主动追求爱情。这时候，他健康日渐恶化，而思想和写作技巧则向更高水平发展。

莫斯科艺术剧院的名伶奥尔加冲毁了契诃夫的感情防护堤，使他最终坠入情网。契诃夫停止了惯常的玩笑逗乐，向奥尔加张开了双臂，两人难解难分。

契诃夫与奥尔加

奥尔加渴望过朝夕相处的完美生活，没有这种生活会使她萎靡。他们亲密相逢之后再次别离所带来的孤独感，使这种过充实生活的欲望更加强烈了。契诃夫终于感到对他所爱的人的生活有义不容辞的责任。尽管这样，契诃夫对两人的婚姻仍迟迟未作出明确决定。他首先想到的是奥尔加，想到这一婚姻会给她带来什么后果。那时他的健康状况令人担忧。经检查，发现无论在雅尔塔还是在尼斯的疗养都未能阻止病情恶化。身为医生的契诃夫，自然明白病情的致命性。他的日子的确屈指可数了。

1901 年 5 月 25 日，他们在莫斯科一个小教堂举行了婚礼。旅行结束回雅尔塔以后，他感到病情依然故我，还出现了新的症状，身体虚弱得什么事都不能做。不久奥尔加要到莫斯科，两人又开始了雅尔塔和莫斯科之间的相思。

新婚给契诃夫和奥尔加的生活带来了新的欢乐，也带来了新的苦恼。奥尔加和契诃夫母亲之间的关系不够和谐，引起他们两人之间的争吵。两地分居也是他们经常赌气、争吵的原因。奥尔加要契诃夫到莫斯科来，而契诃夫要奥尔加到雅尔塔去。他们都渴望过朝夕相处的完美生活。然而契诃夫由于久病不愈，离不开雅尔塔；奥尔加热爱戏剧事业，丢不下艺术剧院和莫斯科。

在这期间，他写作了一生中重要的《三姊妹》《樱桃园》等几部剧本，经奥尔加的演出大获成功。

　　1904 年 7 月 2 日晚，契诃夫感觉身体严重不适，他让奥尔加去找医生。医生来了，契诃夫亲自告诉医生说，他要死了，不必打发人去取氧气，说等氧气取来他已经魂归地府了。医生吩咐拿香槟酒来，契诃夫坐起来，接过酒杯，转身对着奥尔加，带着一丝苦笑说："我很久没有喝香槟了。"他慢慢地喝干了那杯酒，侧身向左边躺下，不一会儿就停止了呼吸……这时时钟指向凌晨 3点。一只粗大的黑色飞蛾从窗外飞了进来，扑向油灯，在遗体周围飞来飞去，打破了夜晚可怕的宁静……

　　契诃夫作品入选语文版语文教材、读本的有《凡卡》《套中人》，入选其他版本语文教材、读本的有《变色龙》。

阿赫玛托娃

既然没有爱情和安宁，请给我苦涩的荣誉

是的，对我们，这是套鞋上的污泥，是的，对我们，这是牙齿间的沙砾，我们把它践踏蹂躏，磨成齑粉——这多余的，哪儿都用不着的灰尘！但我们都躺进它的怀里，和它化为一体，因此才不拘礼节地称呼它："自己的土地。"（《祖国土》，1961）

少女时代：王子消失了

安娜·阿赫玛托娃于 1889 年 6 月 11 日出生于奥德萨市。父亲是海军工程师。安娜不到一岁，全家迁往皇村。普希金曾在皇村度过少年时代，安娜因此有机会徜徉于普希金曾漫步其间的花园。

安娜 13 岁时就酷爱诗歌，并且熟知波德莱尔的诗。不久，另一位少年诗人，尼古拉·古米廖夫狂热地爱上了她。古米廖夫是 20 世纪初重要文学流派阿克梅派（希腊文译音，意味艺术的极致）的创始人和代表人物。对他而言，安娜是海之女神，是目光忧郁的美人鱼。从那时起，阿赫玛托娃在古米廖夫的生活和诗中占据了重要位置。

1905 年夏天，安娜父母离婚，父亲退休后定居彼得堡，母亲则带着孩子们南下叶夫帕托里亚。这一年安娜 16 岁。古米廖夫比安娜大三岁，因为安娜不愿认真地对待他的爱而陷入绝望，在复活节那天企图自杀。

安娜的长诗《在海边》写的是她的童年时代。长诗的主人公是一位 13 岁的少女。她坐在石头上，鱼儿向她游来，海鸥朝她飞来。她动物般天真、质朴，无意中冷酷地拒绝了深爱她并想娶她的灰眼睛男孩（古米廖夫）的求婚，她等待着自己的王子：

手戴细镯，身着短裙，凉爽的手中握着一支白色的笛子。静静地坐着，长久地凝望着我，也不问我的悲伤，也不说她的忧愁，只温柔地抚摸我的肩头。

每个自我意识觉醒较早的少年都会对着远方这样呼唤自己的心灵密友吧，这是精神世界永不可企及的一个偶像。他一直在等着对方，虔诚地，小心地呵护着这块小小的净土。一个人的心灵越深邃，他想象的对象就越高远，现世人生中也就越难以遇合。

1906 年春，安娜来到基辅参加中学入学考试，考试通过后回到叶夫帕托里亚避暑。古米廖夫打算 6 月份中学毕业后去巴黎。他来看望阿赫玛托娃，两人冰释前嫌。整个冬天她与古米廖夫保持通信。古米廖夫在巴黎参与出版《天狼星》。这份杂志上刊登了安娜的第一首诗《他手上戴着多枚闪亮的戒指》。

尽管安娜不能认真对待古米廖夫的爱恋，但古米廖夫还是坠入了情网。古米廖夫时常邀请她出行，但刚从中学毕业的安娜对结婚毫无兴趣，古米廖夫对再次被拒绝深感失望，初秋在巴黎又试图自杀。10 月，他第三次来到基辅试图说服安娜嫁给他，但这次求婚与以往一样未获成功。12 月他试图服毒自尽，过了一天一夜人们才在树林中找到昏迷的他。1907 年秋，安娜考入基辅女校法律系。1908 年 4 月，古米廖夫在去巴黎途中顺路来到基辅，第四次徒劳地向她求婚。夏天，安娜来到皇村，而后古米廖夫在去埃及的路上在基辅逗留了两天。在开罗的埃兹贝花园内，他又一次，也是最后一次试图自杀。1909 年 11 月，安娜·阿赫玛托娃突然对古米廖夫坚持不懈的劝说作出了让步，终于答应做古米廖夫的妻子。

安娜的长诗《在海边》中，王子最终未能来到女主人公身边，他淹死了，没能游到岸边。1910 年 4 月 25 日，年轻的情侣在第聂伯河畔的教堂举行了婚礼。其时安娜 21 岁，"海边女孩"意识到她等不到自己的王子了，于是决定把自己的命运与钟情于她的"灰眼睛男孩"系在一起。可惜，尘世的婚姻对于诗人来说，往往不是幸福的开端，而是"终点的开始"。

古米廖夫虽然婚前曾长期不懈地追求阿赫玛托娃，但婚后立刻对家庭的束缚感到苦恼。1910 年 9 月 25 日，他开始外出长期旅行。阿赫玛托娃则一头钻入诗歌创作中，她的第一本诗集《黄昏》中的诗都写于街心花园街的家中。半年后即 1911 年 3 月，古米廖夫回到家中，随后又前往巴黎。1912 年 4 月，夫妇俩去瑞士和意大利旅行。意大利梦境般的美丽风光和建筑，使阿赫玛托娃终生难以忘怀。1912 年 10 月 1 日儿子列夫出生。

他们的婚姻并未如古米廖夫在婚前所想象的那样成为"玫瑰色的天堂"。他们都太自由，太著名。阿赫玛托娃要确信自己是一个不受约束的自由女性，古米廖夫想要保持独立，决不屈服于永远游离在他之外的、多变的女人。古米廖夫感到婚后的阿赫玛托娃仍旧是"别人的"：

> 这个女人：沉默，痛苦地厌倦了说话，她是活在她张大了的瞳孔的神秘闪烁中。她的心灵只会如饥似渴地为诗句的铿锵的音乐而开放，而对愉快的人世生活，却视而不见，置若罔闻。

尽管对诗歌的强烈爱好使古米廖夫和阿赫玛托娃走到一起，但他们谁也没有明白什么是真正的家庭生活。

古米廖夫忧伤地回顾早已逝去的日子，那时他们一同漫步于林荫道，阿赫玛托娃也回忆起这段时光：

> 这些椴树肯定不会忘记我们的约会，我快乐的男孩。只是成为骄傲的天鹅后，灰色的小天鹅变了。忧愁似一道不灭的光照在我的生活中，我的声音不再响亮。

1913 年初春，古米廖夫最后一次去非洲旅行。他明白，他已"失去"自己的妻子了。

在谈及与古米廖夫的婚姻时，安娜·阿赫玛托娃说他们是在某种神秘的精神高度上订婚的，但这些完全不适合于家庭生活。婚姻扼杀了王子，也未治愈安娜的孤独。安娜不善于直截了当地表白爱情，古米廖夫也不明白两人为何要共同生活在同一屋檐下，更不知如何抚养他们的孩子。安娜意识到自己不会成为一位好母亲，就把孩子托付给婆婆来教育，这样，她"失去"了儿

阿赫玛托娃全家福

子。古米廖夫一家三口唯一的一张合影非常引人注目：它像是从三张个人照上剪下来贴成的全家福。

1914 年，第二本诗集《念珠》的出版使安娜成为俄国最受欢迎的诗人。但感情生活却打上了绝望的基调。被抛弃或主动放弃后，诗人在自身中找到力量，克服不幸的爱情带来的所有痛苦和波折。阿赫玛托娃说：

> 尘世的饮料太甜，爱情的网太紧密。但愿有朝一日孩子们能在课本中读到我的名字。但愿读过这悲伤的故事后他们能狡猾地一笑。既然我没有得到爱情和安宁，那就给我苦涩的荣誉吧。

她已不是那个嘲笑别人的爱情、一心等待自己的王子的女孩子了。当初她没有"很好地安慰"灰眼睛男孩。现在，当她的婚姻破裂后，她开始明白，在这条路上她失败了。

十月革命以后：拒绝异国的面包

1917 年 11 月 7 日（俄历 10 月 25 日），在布尔什维克的领导下，沙皇被推翻，以列宁为主席的第一届苏维埃政府成立。一些旧俄贵族离开祖国，流亡欧洲。

1917 年安娜·阿赫玛托娃写了一首诗：

我听到有人宽慰着我。"到这里来吧，"他说，"离开你那多灾多难的穷乡僻壤，永远地放弃俄国。我会洗净你手上的血，清除你心中的耻辱。我以新的名义抵消你的委屈，和遭受打击的种种痛楚。"我淡然不为所动，把我的耳朵用手捂住，免得那些卑劣的谰言，把我忧伤的心灵玷污。

1916 年 2 月安娜在皇村遇到艺术家鲍里斯·安列普。安娜的诗集《白色的鸟群》的一大部分是献给他的。两人在近半个世纪后的 1965 年才得以重逢，但他在她的生活中起了相当重要的作用。阿赫玛托娃深爱着安列普。

1918 年 8 月，安娜和古米廖夫办理离婚手续。秋天她与希列伊科结婚。希列伊科是位著名的古埃及文字专家。从第一次失败的婚姻中，安娜得到的教训是：若为了丈夫的利益去牺牲自己的才华的话，就能解决婚姻问题，就不会再有同古米廖夫生活时的那种对抗。可是，希列伊科需要的只是妻子而非女诗人，他把她的手稿都扔到茶炊里付之一炬。1917 年她曾在一首诗中写道：严酷的情人……你不许我欢笑，也不许我吟诗……只要能和你结为连理之枝，我什么都可以不计较！遗憾的是，1921 年夏天这段婚姻还是结束了：我以天使的花园向你发誓，以创造奇迹的圣像向你发誓，以我们度过的那些热情的夜晚向你发誓，我永远不会回到你身边。

1921 年 8 月，因参与反布尔什维克党的阴谋活动，安娜的前夫古米廖夫被逮捕枪决。诗人写道：

你已不在人世，不能从雪地上站起。身上二十八处刀伤，枪伤有五处。给男友的一套新装，我已在痛苦中缝制：这俄罗斯的土地，喜欢将鲜血舔舐。

可能是因为她与古米廖夫一起度过的幸福生活使她感到忧伤，也可能是她在想念鲍里斯·安列普。古米廖夫死后，从俄罗斯全国各地狂热的崇拜者雪片般的来信中她了解到他享有的崇高声望。

我爱着一个人，可他不爱我；有一个人爱我，可我不爱他——这就是她的主要职业。在这个领域她无人匹敌。她第一个发现不被人爱也是一种诗意的美……

安娜陷入艰难而孤独的处境，与希列伊科短暂而充满风波的婚姻生活锻炼了她面对一切不幸的勇气。安娜不顾朋友们的劝阻而决定留在俄罗斯，这成为她生命中一个重要的里程碑。渐渐地，她确信自己与多灾多难的祖国之间存在着某种神秘的不可分割的联系。劝诱她离开祖国的人被她视为叛徒。她把对侨民们的感情表达得淋漓尽致：

游子呀！你的道路昏暗凄凉，异国的面包有苦艾味，怎能下腹。

1923 年，安娜不愿离开祖国。这一决定在巴黎或柏林的读者看来，纯属自找苦吃；但对安娜来说，则是在意识到了俄罗斯的命运后的一种坚持。这也为她最终获得广泛的荣誉奠定了基础。不过，诗人的道路注定布满了荆棘。

大清洗：夜莺被禁止歌唱

由于前夫被处决和儿子被监禁等原因，1925 年，苏共机关刊物决定禁止发表安娜·阿赫玛托娃的所有作品。以后的十五年中苏联没有发表过她的一首诗。安娜的那些大多数经历过战争和革命的朋友，因为对斯大林政权持不同政见，此时都迁居国外。

1934 年 12 月 1 日，共产党员尼古拉耶夫暗杀了列宁格勒党的领导人基洛夫，这一事件为斯大林等待已久的大规模镇压创造了时机。事发当日，一道剥夺那些被指控为犯有"恐怖主义"罪行的人的辩护权的命令出台。数千人遭到逮捕，其中就有安娜的儿子。虽然几乎是立即获释，但母亲受惊的程度可想而知。面对所发生的一切，人们向自己提出了关于对祖国的爱和忠诚的问题，那个二十年前曾向他们预示过光明未来的政权如今逮捕和杀害了他们的亲人，当他们为亲人痛哭时，体验的正是安娜 1921 年在古米廖夫被处决时的感受。1938 年 3 月儿子列夫再次被捕，在列宁格勒受了十七个月的审查并被判处死刑。但这时审查他的法官们被处决，对他的判决改为流放。他于 1939 年 8 月 17 日从列宁格勒踏上赴流亡地的路途。

除了儿子的不幸命运，安娜·阿赫玛托娃的婚姻也屡遭波折。1928 年安娜与希列伊科正式离婚，与另一位艺术家普宁同居，可是普宁却没有与第一位妻子离婚。安娜与他生活在一起的日子比谁都长，可他们始终没有办理过结婚登记手续。1928 年，她的儿子列夫·古米廖夫搬来与母亲同住。儿子已满 16 岁，长期寄养在祖母家。父亲的死因曾给列夫继续完成学业造成麻烦，在普宁的兄弟的帮助下，他进了一所中学，后考入列宁格勒大学历史系。

普宁与安娜建立关系的同时又与第一位妻子朝夕相处，这种特殊的家庭格局使安娜饱受苦痛。安娜一直在寻求幸福的爱情，可是爱情好像与她无缘。在屈从于他人的生活里，安娜封闭了自

安娜·阿赫玛托娃

己的内心，对普宁"隐瞒了心灵的秘密"。两年后，当安娜打算离开普宁时，普宁以死相威胁，不准安娜离开自己。自私自大的男人和自尊自由的女人之间只有永远的战争。1938 年 11 月，安娜实在忍受不了这种屈辱的日子，与普宁彻底分手。

1925 年到 1940 年，政府不准安娜发表诗歌；在寻找家庭幸福的过程中，诗人试图安于日常生活，努力去领会日常生活的乐趣。1940 年安娜回忆这段时期的生活，感到非常压抑。与普宁一起的日子，她有十三年没有写诗。这段日子，安娜体弱多病，哪怕天寒地冻，她都要经常站在监狱旁排起的一眼望不到头的长队中，徒劳地希望见上儿子一面。有时安娜给朋友看一些写在小纸片上的单独的几行诗，当她确信读诗的人记住了这些诗句时，就把纸片烧掉；有时她还随口朗诵一些新的片段。当女诗人在列宁格勒监狱旁排队探监时，一位可能从未读过她的诗歌的妇女"认出了"她，凑近她的耳朵问道："您能描写这儿的情形么？"安娜说："能。"

安娜决定留在俄罗斯，她不愿在异国他乡的天底下，她说：在我的人民蒙受不幸的地方，我与我的人民同在。为了将这些人的痛苦经历告诉给后来人，上天选择了那些能够克服时间障碍的艺术家，他们用真理之光照亮人类未来的生活。

卫国战争：新生与炼狱

1941 年 6 月 22 日，希特勒突然发动对苏联的进攻，苏联开始了卫国战争，最后以 2000 多万人的牺牲取得了这场战争的胜利。这场战争使苏联国内大规模的镇压和清洗活动暂停下来。人们现在共同面对的敌人不再是"内敌"，而是纳粹。9 月，在城市遭到敌人炮火狂轰滥炸的最艰难的时刻，安娜·阿赫玛托娃通过电台向列宁格勒的妇女发表了鼓舞人心的讲话。眼下她重新被政府视为一位相当重要的人物。9 月底，她前往莫斯科，不久又转到了塔什干。从 1941 年 11 月至 1943 年 5 月安娜一直居住于此。在得到发表作品的机会后，她感到自己与整个国家、与欧洲盟国是连为一体的，她重新回到了读者之中。

1945 年，儿子列夫终于回到家中。儿子是 1939 年从流放中直接上的前线。起初母子相处和睦。这年秋天，又一件改变诗人命运的事情发生了。当时临时接任英国驻苏联大使馆秘书的以赛亚·柏林前来拜访诗人。他们谈了共同的熟人：古米廖夫、希列伊科、帕斯捷尔纳克等。在谈话过程中，安娜几次泣不成声。不过，她不赞同移居国外的举动。她觉得重要的是与自己的国家同生死、共存亡。尽管历尽劫难的诗人仍无限忠于她的祖国，并忠实于现政权，但政府并不信任她，特别是对安娜接受英国人的访谈这件事耿耿于怀，那一天诗人所住房间的天花板上被安装了窃听器。

1946 年 8 月 14 日，苏共中央做出一项决议指出："阿赫玛托娃是与我国人民背道而驰的、内容空洞、缺乏思想性的诗歌的典型代表。她的诗歌充满悲观情绪和颓废心理……对我国的青年教育事业造成危害，因而不能为苏联文学界所容忍……阿赫玛托娃……是集淫荡与祷告于一身的荡妇兼修女。"战争刚刚结束，政治运动又开始了。1946 年 9 月 4 日安娜·阿赫玛托娃被开除出苏联作家协会。她的一本正在付印中的诗集被毁。这个新的打击使安娜深受震撼，不久她便陷入了从未经历过的孤立境地，谁也不愿与她往来，她自己也回避着，生怕牵连了人家。

1949 年 9 月 30 日普宁被捕，11 月 6 日儿子列夫又被捕。这一切与 1945 年她与以赛亚·柏林的会面有关。等待着列夫的是七年牢狱生活，而普宁最后死在劳改营中。

1953 年 3 月 5 日，就在普宁去世几周后，驰骋苏联政坛三十多年的斯大林死了。1953 年 5 月安娜许多年来第一次得到一笔数目可观的收入，这是她翻译雨果作品的稿酬。1956 年赫鲁晓夫在苏共二十大上作了著名的报告，揭露斯大林的所有过错。"解冻"已经来临，5 月，儿子列夫获释。

在塔什干的日子里，虽然政治上得到重视，但生活条件极为艰苦。她 1938 年离开普宁后，职业医生加尔申闯进了她的生活。受尽了被迫长期四处为家的安娜愿意嫁给他，但战争、围困、撤离打破了他们的计划。1944 年 6 月 1 日安娜得知，加尔申对她只字未提，便与一位护士结了婚。这对她来讲是个沉重的打击。她曾想战后能与加尔申共同开始过周围所有人过的那种"正常生活"，这个微薄的希望最后还是被砸得粉碎。她又成了单身女人。

诗歌是诗人的最后归宿，这个尘世上，没有一个人能满足诗人关于爱情和婚姻的想象。也许，和任何一个男性的日常生活都会扼杀诗人的才情，前面已有多个例证。不幸的爱情和不幸的政治命运让安娜受尽熬煎，短暂的幸福和"解放"之后是漫长的苦痛，从这个意义上看，诗人是上帝的宠儿，又是上帝的弃儿。

解冻以后：最后十年

安娜·阿赫玛托娃最后十年的生活完全不同于以往的岁月。她的儿子终于获释回到家中，自己也获许发表作品，诗人的创作才思没有枯竭，反如泉涌。她用几年的时间对《没有主人公的叙事诗》的内容进行了充实。安娜善于从日常生活中采集某种能唤起人精神的兴奋剂，是这些使得平庸的日常生活重获意义，她知道，任何人都不可能帮她从"平凡的生活"中解脱出来，只有她自己才能熬过去。

1963 年阿赫玛托娃被授予意大利文学奖，与此同时，流传着关于她将被授予诺贝尔奖的传闻。

儿子归来后，起初阿赫玛托娃只是感到幸福和轻松，然而，久别重逢后的喜悦很快由于母子难以共处而变得暗淡起来。年近半百的儿子一生中有十四个年头是在劳改营和监狱中度过的，那只是因为他是安娜·阿赫玛托娃和尼古拉·古米廖夫的儿子。终于奔向自由，他渴望凭借自己的智慧生活。母亲因为儿子的无礼行为而感到委屈，但也很固执己见。于是母子间开始发生频繁而且很不愉快的争执，每次吵过之后，阿赫玛托娃的心脏病就会发作。最终列夫搬往别处居住，他们不再见面。

凭着一腔爱国心和对祖国的忠诚，安娜·阿赫玛托娃赢得了许多作家的尊敬。在她人生最后几年中，她的作品得到顺利发表。她的沉默、拒不妥协，在迫害中保持自尊，受尽磨难仍对祖国忠贞不渝，所有这一切令新一代读者叹为观止。来自全国各地雪片似的来信飞到她的手中，对许多人来讲，阿赫玛托娃和帕斯捷尔纳克是在"真正的 20 世纪"不会丧失自尊的杰出典范。这些年，阿赫玛托娃终于有了一所自己的房子。

安娜从少女时代就以爱情歌者的身份走上诗坛，晚年又写作了以爱情为主题的组诗《夜半诗抄》。在《夜半诗抄》中，诗人所有的"恋人"都熔化在一起，青年时代被粉碎的王子形象重被找到，它由许多现实的或者梦幻的恋人形象组成。诗人说："其实，跟我们有什么关系，如果一切都化为尘埃。"诗人心灵之爱与诗人现世的爱情对象生活在两个不同的时空。我们借用一句流行的话语说明这种非尘世的爱情：我爱过你，但与你无关。在诗人的一生中，她青年时代对崇高爱情的想象经历了无数考验，在情感世界里，任何普通的婚姻都会成为一种错误，她真正的爱情和家庭是天堂。诗人与这个世界的关系是通过诗歌、音乐发生的。同样，安娜的第一任丈夫、诗人古米廖夫对她的爱也是这样。当安娜潜心阅读古米廖夫在青年时代献给她的诗的时候，她明白了：在他狂热爱情的背后隐藏着对一个"女王"——一个"另一世界的"姑娘——的爱。两位诗人婚姻最后走向破裂的根源不是任何一方的移情别恋，而是——借用诗人自己的话说就是——他说，我没有情敌。对他来讲，我不是尘世的女人，而是冬日仅能安慰人的阳光和故乡古怪的歌曲。

一切爱情的痛苦都过去了。一切政治上的迫害也都过去了。

1965 年春，阿赫玛托娃开始筹备英伦之旅，接受牛津大学授予她的名誉文学博士学位。过去的友人接踵而至。大家都年事已高、体弱多病、听觉迟钝。夏末，她回到了俄罗斯。1966 年 3 月 5 日的早餐时间，她抱怨了一阵：茶是冷的。几分钟后，与死神经过一番短暂的搏斗之后，阿赫玛托娃离开了人间。出席诗人葬礼的人群将教堂围得水泄不通。人们目睹诗人的遗体安葬在通向湖泊的一片松树林中。

列宁格勒新闻电影制片厂摄下了阿赫玛托娃的葬礼。但不久影片被没收，那些摄制工作人员被免职，仍有一些人对诗人心怀忌惮。阿赫玛托娃一生多灾多难，直到苏联解体以后，这个国家的公民才敢自由地研究她的诗歌，撰写她的传记。她从来不曾背叛她深爱的祖国，她是这块土地上最诚实、最深情的公民。她现在已经安息。

阿赫玛托娃作品入选语文版语文教材、读本的有《戴着黑面纱我紧握双手》，入选其他版本语文教材、读本的有《祖国土》《爱》等。

川端康成　生之感伤，爱之徒劳

　　我那时候在一所乡村初级中学教书。有个周末，在另一个乡当物理教师的朋友过来玩，他坐下来就对我说：川端康成是个了不起的作家。

　　这个我早知道。我读过他的大部分作品。对于私心特别喜欢的作家，我是舍不得拿出来和大家分享的，我觉得那种很私人的东西，就像暗夜的雪花，只有在寒冷的中宵独自欣赏，哪能拿到阳光里暴晒呢。朋友说完这句话，见我没什么反应，竟大段背起书来：

　　　　窗外的景色在姑娘的轮廓周围不断地移动，使人觉得姑娘的脸也像是透明的。从姑娘面影后面不停地掠过的暮景，仿佛是从她脸的前面流过。定睛一看，却又扑朔迷离。车厢里也不太明亮。窗玻璃上的映像不像真的镜子那样清晰了。

反光没有了。姑娘好像漂浮在流逝的暮景之中……灯火就这样从她的脸上闪过，但并没有把她的脸照亮。这是一束从远方投来的寒光，模模糊糊地照亮了她眼睛的周围。她的眼睛同灯火重叠的那一瞬间，就像在夕阳的余晖里飞舞的妖艳而美丽的夜光虫。

天哪，这是我最喜欢的一段文字，他也会背，他是物理老师啊。我立刻改变了眼光，跟他讨论起驹子和岛村的故事。

日本文学有个传统，从紫式部的《源氏物语》，到村上春树的《挪威的森林》，对女性的柔美，对生命的感伤，他们有着惊人的敏感。日本有个词语，叫物哀，跟咱们中国的"情动于中而形于言"相似，人心接触外部世界总会感物生情，自然涌出喜悦愤怒、恐惧悲伤的情感来。这样的人，便是懂得"物哀"的人。"物哀"就是感受优美、细腻、沉静的外物之美。日本的和歌你听听："听到风的声音、虫子叫的声音，都让人油然而生悲意。"这就是物哀。悟性好的人，遇到令人感触的事情，便会情动于中而不得不发。这时候还没有感触，这人一定生性愚钝了。

寒假中，我重读川端康成的文字。读得累了，打开窗户，清凛的冬风扑面而来，窗外的紫金山迷迷蒙蒙，青色的山头又罩上了一层乳白色，空气干冷，带一丝甜味……那情景倒是有点像《雪国》的场景。每次读川端康成的文字，美丽的哀愁就充盈了整个大脑，川端康成喜欢说，大脑像水洗过一样，读他的文章，果然有如此感受。

我想，这些挥之不去的沉静的忧伤，是不是与他的生活经历有关呢？

悲凉的身世

川端康成的父亲荣吉患有肺结核病，在川端康成一岁时去世。父亲去世后，母亲带着儿女回到娘家。母亲因为长期伺候父亲也染上了肺结核病，在丈夫故去的第二年也去世了。一两岁就失去父母的川端康成，对双亲没什么印象。

母亲病逝不久，祖父母带着川端康成一起回到了故里，姐姐芳子则寄养在姨父家。川端康成时年满两周岁，由于先天不足，体质十分虚弱。两位老人对孙子十分溺爱，吃饭都是追着喂食。因为娇惯，祖父母寸步不离，这个孤儿与外界几乎没有接触。

川端康成七岁时，祖母辞世。三年后，姐姐芳子病逝。川端康成对姐姐很陌生，只有参加祖母的葬礼时姐姐的一身素白丧服给他留下一点印象。从此以后，川端康成与祖父相依为命。祖父眼瞎耳背，终日枯坐，动不动就默默地落泪。十四岁那年，最后一个亲人——祖父也离开了他。

在祖父葬礼之后，川端康成还参加过姑奶奶、伯父和恩师的葬礼，还有好友的葬礼等等，有一回，他到表姐家，人家开玩笑说他是"参加葬礼的名人"。

这些不幸的经历，使得川端康成小时候敏感多愁。上中学后他萌发了写作的念头，只有借写作才能倾诉心中的隐痛。像所有的初学写作者一样，他最初的投稿屡屡被拒，一直到十六岁时才发表第一篇习作。

写作耽误了他许多时间，他的成绩很不好，中学毕业后，他决定投考第一高等学校。主要原因，据他自己说"就是要对蔑视我身体虚弱、智力低能的教师和同学进行报复"。在第一高等学校的三年预科生活之后，他如愿地考入了最高学府——东京帝国大学（东京大学的前身）。大学期间，川端康成主要精力用于创办文学杂志《新思潮》，他的成绩也不出色。这个杂志创办于1907年，几度停刊复刊，1921年，川端康成在前辈作家菊池宽的帮助下，第六次复刊《新思潮》。因为论文未完成，毕业也颇费周折，当时他已发表了一系列有影响的文章，爱才的藤村作教授替他辩解说"川端君已经登上文坛，并获得了好评，他想在这方面有所作为，我看他的论文可以通过"，并承认"这样的学生是没有先例的，完全是个天才"。最后，川端康成勉强领到了东京帝国大学的文凭。

多舛的情感

川端康成在中学五年级的时候，认识了小笠原。小笠原体弱多病，长相秀美，举动带上几分女孩子气。不久，他们两人亲近起来。在中学寄宿期间，他们一直维持同性恋关系。中学毕业后，他们靠书信来维持彼此的感情。川端康成坦陈自己对美少年有一种奇怪的欲望，这可能是由于他家中缺少女性气息养成的毛病。小笠原中学毕业后，没有升学，两人之间的空间距离和思想距离越来越远，虽然后来见过一面，但不久，小笠原就进入了川端康成的忘川。川端康成后来在《少年》《汤岛的回忆》里详尽地描写了这段情缘，五十岁时还在《独影自命》中写道："这是我在人生中第一次遇到的爱情，也许就可以把这称作是我的初恋吧。""我在这次的爱情中获得了温暖、纯净和拯救……从那以后到我五十岁为止，我不曾再碰上过这样纯情的爱。"

川端康成自幼失去了一切家人和家庭的温暖，因此他特别渴望温情和爱抚，渴望得到饱满而充实的爱。他曾经说过"恋爱超过一切，成为我的命根子"，这种感情，导致了川端对女性的敏感和泛爱。但在结婚之前，他的个人感情经历并不丰富。

第一个真正让他感动的女性是他的成名作《伊豆的舞女》中的舞女千代。川端康成 1918 年在第一高等学校期间，到伊豆半岛旅行，途中结识了千代。这位孤寂的年轻人，在旅途中同巡回演出的艺人相遇，其中一个舞女提着大鼓，远远望去，十分显眼。他觉得她的眼睛、嘴巴、头发和脸的轮廓都艳美得出奇。他两步一回头地窥望她们，产生了一股淡淡的旅情。第二天晚上，舞女一行来到他下榻的旅馆表演，他坐在楼梯半道观赏，得知这位舞女才十四岁。再后来，他们在天城岭的茶馆不期而遇，他陪伴舞女等巡回演出艺人一行到了汤野。路上他听到舞女跟同伴说他是个好人，仅仅这个评价，便让孤寂的他感激不尽。告别千代回到学校当晚，川端康成一反常态，神采飞扬地向周围的同学谈起同舞女千代巧逢奇遇的故事，他说：从此以后，这位"美丽的舞女……就像一颗彗星的尾巴，一直在我的记忆中不停地闪烁"。

1920 年，川端康成在东京帝国大学读书期间，认识了伊藤初代，初代出身于一个勤杂工家庭。由于家境贫寒，她只读到小学三年级。初代为了减轻家庭负担，独自离开家乡，在东京一家咖啡馆当女招待。川端康成在此与初代相识。很快，他陷入了恋情的幸福中，长期积压的悒郁情绪，也在恋爱的幸福和满足中退去。不过在订婚过程中发生了一些小波折：一是川端家族从门第观念出发，反对这门婚事；二是女方父母因为川端康成父母皆死于肺病，加上他本人体质欠佳，对这门婚事表示犹豫。幸好这些都被好心人说服了。

订婚后，川端康成回到东京拜访了他的恩师菊池宽。他本来以为谈到结婚，老师会劝阻。不料老师问了问姑娘的年龄和住所后，主动表示自己即将出国访问一年，妻子要返回老家，可以把自己预付了一年租金的房子借给他结婚用，还答应每月给他提供五十元生活费。

菊池宽爱才心切，可惜世事难料，一个月后，川端康成收到初代的一封"非常"来信："我虽然同你已经结下海誓山盟，但是我发生了'非常'的情况，我绝对不能告诉你，请你就当这个世界上没有我这个人吧！我一生不能忘记你和我的那一段生活，你同我的关系等于零！我很对不起你。"川端康成连夜乘车赶赴初代那里，初代脸无表情，两人谈话毫无结果。关于初代毁约的"非常"原因，有着各种各样的猜测。川端康成都没有弄清楚，我们也没有必要弄清楚。经过这次情感的打击，他又重回忧郁、哀伤之中。

很长时间，川端康成每次听到初代打工的那家咖啡馆名字的时候，初代的影子就出现在他的眼前。有时是在梦中，有时是在创作中，想到那曾经和恋人有过甜蜜记忆的地方已经面目全非，川端康成心里一阵钝钝的痛：这个永远活在自己心里的她是继续留下，还是轻轻拂去为好呢？

川端康成身体瘦弱，其貌不扬，恋爱失意，很长一段时间陷入自卑中。1926 年 5 月，他在《文艺春秋》社遇见了十九岁的松林秀子。秀子觉得他为人诚恳、亲切，一年后，他们准备结婚。川端康成毕业于东京帝国大学，写作上已崭露头角，前途无量，而秀子无论门第还是学历都远远不及川端康成。当时的师友多不看好这一段婚姻，但恩师菊池宽立即馈赠二百元礼金，作为他们旅行结婚之用。两人共同生活以后，川端康成的挚友横光利一、片冈铁兵等都成为他们的座上客。他们有时闲聊文学，有时各自写稿。秀子忙里忙外，操持家务。川端康成当时没有工作，靠写作生活，手头拮据。婚后三四年间，川端夫人多次流产，两人后来一直没有生育子女，只收养了表兄的三女政子为养女。

与莫泊桑相比，川端康成恋爱时总有自卑感，他长时间沉溺在失恋的哀伤之中，总觉得爱是朦胧的、不可捉摸的。在人的种种感情上，只有苦闷、忧愁、悲哀——也就是一切不能如意的事才是使人感动最深的。因此，被女性包围的莫泊桑写不出这种丰富深切的忧伤情感，被女性抛弃的川端康成倒是抒写爱情和女性心理的高手。自从 1926 年 27 岁的川端康成与普通女子秀子结婚后，他没有离开妻子，一直到死。

爱 的 徒 劳

1934 年川端康成乘坐火车，穿过落成不久的清木隧道，到了北国。他在下榻的高半旅馆结识了一位 19 岁的艺妓小高菊。在同小高菊的接触中，川端了解到了她的辛酸生活，女孩子的相貌和性情给他留下了深刻的印象，他心中萌发了创作的激情。从《雪国》的主人公驹子身上不难找到小高菊的影子。川端康成与小高菊有过多年交往，不过，1940 年小高菊结束艺妓生活的时候，为了免得给自己的子女带来麻烦，将川端的赠品全部付之一炬。

在融合了东西方的叙述方式和审美眼光的《雪国》中，悲哀与冷艳的日本传统文学色彩被表现得淋漓尽致。小说花了很大篇幅来描述岛村和驹子之间那种难以言说的爱情。驹子与师傅之子行男订婚，为了挣钱给行男养病，驹子只好出来当艺妓。这是驹子的义务，驹子要遵守一种道德上的承诺。

为行文方便，我们将三个主要人物的遭际分述如下。

驹子：一方面不得已过着艺妓的生活，赶场参加许多宴会，受人玩弄和践踏，身心交瘁近乎发疯；另一方面是一个追求正常幸福生活的人，保持着乡村少女朴素、单纯的气质。

岛村第一次见到驹子的时候，小说里这样描写："女子给人的印象洁净得出奇，甚至令人想到她的脚趾弯里大概也是干净的。"——男子只有对最爱的女子才会这种感觉吧。所谓纯洁，不只是身体的事，爱，为身体镀上了美丽纯净的光芒。

驹子希望过一种"正正经经的生活"，说"只要环境许可，我还是想生活得干净些"。她渴望得到普通女人应该得到的真正爱情。驹子同行男之间没有爱情，因此把全部爱情倾注在岛村身上。她对岛村爱得越深，就越为岛村着想，而不顾自己的得失。她对岛村的爱恋，实际上是对朴素生活的依恋。岛村把她的认真的生活态度和真挚的爱恋情感，都看作是"一种美的徒劳"。

驹子聪明能干，与命运顽强抗争。她自学了三弦琴技艺，弹奏传统名曲；喜爱读书，在恶劣环境中坚持做笔记、写日记。但是驹子在生活中所有的追求都落空了：她卖身为艺妓是为了替行男治病，但生命垂危的行男还是死去了；她练得一手好琴，却没有机会在舞台上一显身手，只能供酗酒者作乐之用。岛村是驹子黯淡生活中挣扎的动力，为了岛村，她决定不见行男最后一面，行男死后也不到坟上拜祭。她想开始新的生活，把全部的感情投入到岛村身上，哪怕他"一年来一次也好"。但就这一点希望最后也落空了。岛村认为驹子为他所做的一切都是徒劳，他知道，"能够真心去爱一个人，只有女人才做得到"。岛村选择了离开，驹子的爱遂同一场虚幻之梦。

岛村：事业上无所作为的浪荡公子。他已有妻室，却既爱驹子，又移情于叶子，向往着一种非现实的幻觉爱。他把驹子倾注在他身上的实实在在的爱，看作是一种"单纯的徒劳"、难以实现的憧憬，乃至认为"生存本身就是一种徒劳"。他对叶子的爱是单相思，是一种爱的幻影，并由于一场大火而破灭，化为乌有。他倚仗优越的物质条件到处闲游，他到雪国说是考察所谓的日本民间舞蹈，实际上是寻欢作乐。他能经常反省自己与驹子的恋情，非常明白自己虽然喜欢她，却不会为她作任何努力，更谈不上牺牲。在小说结尾，作家运用雪的纯洁、火的神圣、银河的壮丽，为叶子的死创造出一个凄美无比的意境。岛村抬头望向天空，"银河好像哗啦一声，向他的心坎上倾泻下来"。当银河倾泻下来与岛村合而为一时，他的灵魂得到了净化与救赎。

岛村在实际生活中把自己看作是无意义的存在，并为此而烦恼，企图从同女性的邂逅中寻找慰藉，以追求一瞬间忘却自己的非现实感。最后还是徒劳。

叶子：叶子有着同驹子相似的悲凉身世。她非常同情驹子，觉得驹子是个可怜的好人，多次要岛村"好好待她"。这位非常纯朴的少女，"从没有赴宴陪过客"，同岛村接触也"充满了警惕"的神色，最后因为生活无着，才祈求岛村带她到东京当女佣。但是，让叶子依靠岛村这样一个人会有什么结果呢？作家可能不忍心让叶子重蹈驹子的覆辙，成为驹子第二，可他又无法为这个弱女找到一条光明的出路，寻得一个美好的归宿，最后只好让她坠身大火。在川端康成看来，死不是终点，而是生的起点，是最高的艺术，最美的表现。

小说以叶子开场，又以叶子死亡作为结局，川端对叶子，是朦胧的写意画，总是形容她的声音美得悲凉，美得空灵。岛村一直在寻求生存的乐趣，但又视生存为徒劳的虚幻。作者不厌其烦地表达岛村内心的矛盾和深深的孤独感。驹子和叶子知道她们的爱终将徒劳，但却以她们全部的生命去爱。如同樱花以全部的生命绽放，然后随风飘逝。所有的人都是孤独地期盼着，等来的最后还是孤独。

本文开始引用的那段文字就是《雪国》的开篇。那个美丽的姑娘就是叶子。火车玻璃窗中叶子的虚像美得撩人，引起岛村扑朔迷离的回忆，似乎已把他带到遥远的另一个女子——驹子的身边，小说接着倒叙岛村第一次同驹子相遇的情景。次日到达雪国，岛村看见了驹子的脸，勾起了他对叶子的回忆。作家写岛村第三次赴雪国，更多的是与驹子的交往，当岛村决计离开雪国时，叶子的坠身火海，把现实带回到梦幻的世界。作家运用这种联想的跳跃，突破时空的限制，使人物从虚像到实像，又从实像推回到虚像，反映了岛村、驹子和叶子三人的虚虚实实的三角关系。

相比《雪国》，《古都》清新了很多。千重子的敏感、细腻、多愁善感、温和善良,苗子的开朗、活泼、自信,秀男的执着、忍让,水木真一的天真烂漫……这些可爱纯真的面孔构成了一幅幅春意荡漾的画面。在爱情的衬托下,亲情显得格外动人。

千重子和苗子两人在祇园节相遇,碍于身份没有立刻相认,但眼睛里已经噙满了泪水。苗子的忍让与爱心看得让人心痛。苗子出自本能为千重子挡雨,不顾自己的安危。长期在农场干活的苗子练就了硬朗的身体,千重子弱不禁风的娇小身躯也乖巧地躲在了苗子的身下。其实在这里,两人的情感都很微妙。千重子接受着苗子的保护,心里满怀歉意,又充满感激,而当时两人的社会地位悬殊,苗子却显得理所应当,还不停地安慰惊慌的千重子。苗子善良乐观的性格在小说里一次又一次出现,让人的心灵一次又一次地变得柔软。

苗子最后在一个雨雪霏霏的清晨悄然离去,一次也未回头。虽然这一夜对她来说是一生的幸福,和她唯一的亲人在一起,在她的心里留下了美好的回忆,但毕竟,这一切还是"幻"啊,自己注定是得不到什么的,包括爱情。她明白秀男爱她其实爱的是千重子的幻影,因此她要拒绝,为了自己,也为了千重子。

当然,千重子因为自己是个弃儿,无法大胆地表露和追求自己的情感,这也让人无法释怀。当她面对想追求她的水木真一时,她一再地对他说:"我是个弃儿呀。"她说感到害怕,在水木真一的追问中,她说要对父母绝对服从,包括婚姻,但又不想抹杀……寥寥几笔,写出了千重子内心的忧伤与无助,以及对前途的疑惑。

盛名与死亡之谜

1968 年 12 月 10 日，川端康成接受诺贝尔文学奖。瑞典皇家文学院常务理事、诺贝尔文学奖金评选委员会主席安德斯·奥斯特林致授奖辞，他说：

> 川端初次发表了一举成名的、讴歌青春的短篇小说《伊豆的舞女》，它描述一个青年学生的故事。主人公于秋季里，只身去伊豆半岛旅行，与一个贫困的、受人蔑视的舞女邂逅，萌生了爱怜之心而坠入恋海。舞女敞开纯情的心扉，对青年表示出一种纯真而深切的爱。这个主题，犹如一首凄怆的民谣，反复吟咏，在川端先生后来的作品中也一再改头换面地出现。这些作品揭示了作家本人的价值观。

他评价《古都》时说：

> 《古都》是川端先生的近作，也是一部最引人注目的作品……被贫苦的双亲抛弃的幼婴千重子，由商人太吉郎夫妇捡来，并按照日本古老的规矩抚养长大。千重子是个多愁善感、人品诚实的姑娘，她常常暗自怀疑自己的身世。按日本民间习俗的迷信说法，弃儿会受到终生不幸的折磨，千重子又是个孪生女，所以多背负了一层耻辱的标识。一天，千重子与出身于京都郊外北山杉的年轻貌美的姑娘邂逅，她发现这个姑娘正是她的孪生姐妹。身强力壮的劳动者苗子，同娇生惯养的千重子，逐渐超越社会身份悬殊所带来的隔阂，变得和睦相处了。但是，由于两人的相貌惊人地相似，惹出了

错综复杂的误会。整个故事的背景，选择在京都，描写了四季应时的节庆情景，而且从樱花争艳斗丽的春天到白雪闪烁的冬季，时间的跨度为一年……川端先生以毫无夸张的感伤，令人感动的手法，敏锐而精心的笔触，表现出神社佛阁、工匠云集的古老市街、庭园、植物园等处的风景，作品中渗透着浓郁的诗情。

安德斯·奥斯特林最后宣读了授奖词：

川端先生：这份奖状，旨在表彰您以卓越的感受性，并用您的小说技巧，表现了日本人心灵的精髓。

《古都》的景物描写尤为动人，读这本书的时候，我眼前闪过的是一幅幅清新的四季图景。红色的垂樱倒映在水中，凄美无比；垂柳翠绿的枝丫垂到地面，婀娜轻盈；残留在树梢顶端的一簇簇叶子，也像是一种精巧的工艺品；雾霭渐浓，从山谷落下来，还缠着一些白色的东西，这就成了雨雪；还有北山的赤松，绵亘不绝。

在荣获诺贝尔文学奖三年后的 1972 年 4 月 16 日，川端康成未留下只字遗书，口含煤气管自杀了。人们对他的自杀原因，多有猜测。

川端康成说过："自杀而无遗书，是最好不过的了。无言的死，就是无限的活。"川端为什么要自杀呢？早在 34 岁时，他就说过："无论怎样厌世，自杀不是开悟的办法，不管德行多高，自杀的人想要达到的圣境也是遥远的……我讨厌自杀的原因之一，就在于为死而死这点上。"虽然一再表示不赞成"为死而死"的自杀方式，但他却一直把死看作是一种"灭亡的美"，只有"临终的眼"才能映现自然的美。川端康成的自杀，或许也反映

川端康成

了日本传统文化对待死亡的心态，他企图从死中唤起对生的感觉，从死中重新开拓生，延长自我的精神生命，至少保持死的一种美的形态。

他目睹祖父孤独的死法的悲伤和丑陋，他目睹关东大地震和广岛、长崎原子弹爆炸使几十万人丧生的惨状。他平时常常叮嘱他的妻子秀子，"在我病危的时候，我绝对不让任何人到我的病房里来，我可不让人像看热闹似地看我死去"，企图在死后保持一种"灭亡美"的形象。他似乎有这样一种意识：愿意保持清澈的心境，安详地离开这个人世间。

获得诺贝尔文学奖之后，他的创作愈加追求非现实的幻想世界，但是他的这些作品包括此前所写的《睡美人》，都遭到了评论界的批评，创作能力的衰竭催促了生命的衰竭。另外，生活上他要借助安眠药入睡，创作时，也要依靠药物制造一种幻象，借此虚构出他的文学世界，最后不吃药就难以维持生活，难以维持创作。以上种种，都是促成他自杀的原因吧。

"无言的死"给人们留下了"无限的话语"，从这个意义上看，他的自杀也是他作品的一部分。

合上厚厚一摞川端康成的小说和传记，很久不能从他营造的世界里走出来。

推开后窗，但见山脚下修篁一片，鸟羽般的竹叶在雨雾中呈淡淡的绿色。山腰浓绿的树木密集，白色的雾气笼罩其上，水雾温柔地爱抚这些寂然的生命，树木默无一言，恬然超然。

我尊重并钦慕川端康成的选择，但对于绝大多数普通人而言，就算生是徒劳的，就算爱终将寂灭，但是，在有生的日子，在有爱的时分，我们还是要蝼蚁贪生，好好活着，好好爱着。因为，爱可能是唯一能抵御寒冷的良方。

川端康成作品入选语文版语文教材、读本的有《伊豆的舞女》，入选其他版本语文教材、读本的有《父母的心》《花未眠》等。

洛克 人生若真如 "白板"

墓志铭：专心追求过真理的人

弗兰克·梯利曾说：没有一个哲学家比洛克的思想更加深刻地影响了人类的精神和制度。

洛克终身未娶，他于 1704 年溘然长逝。在洛克的墓碑上，刻的是他生前自己所写的墓志铭（当然，死亡日期是后添的）：

约翰·洛克长眠于此。你们如问他何许之人，回答是：他是一位满足于小康命运的人，他是一位受过训练的学者，专心追求过真理的人。对此，你们可从他的著作中得知。他的著作，比之于碑文上令人生疑的颂扬之词，将更为忠实可信地告诉你们有关他的其他一切评说。他的德性，即使有一些，既不足以说明他的声望，也不配作为你们的典范，那就让他的罪恶随他一起埋葬吧！德行的先例，福音书中已经有了；罪恶的范例，仍以没有为好；必死的范例，所在皆是。他生于 1632 年 8 月 29 日，死于 1704 年 10 月 28 日。这块本身即将蚀灭的石碑就是一个证明。

石碑终将蚀灭，冢中的声音却将成为永恒。洛克不仅因其教育思想闻名于世，其为人一样值得敬仰。教育者，自身人格和学识一样重要。普通教师大都不喜欢听所谓名师在台上吹牛，更要杜绝自己在学生面前说大话。

命矣夫！斯人也而有斯"功业"也！一个人的成就必定与其成长经历有关。我们来看看洛克的成长史。

1632 年 8 月 29 日，约翰·洛克出生在英国灵顿的一个清教徒家庭。父亲当过自由派律师。洛克 10 岁时，英国资产阶级革命爆发，父亲参加克伦威尔军队，家庭生活陷入困境。洛克和母亲相依为命。

14 岁，由父亲所在部队军官介绍，洛克入理查德主办的威斯敏斯特学校求学。该校以教学严格著称于英国。洛克在校学习刻苦，学业优异。

20 岁，洛克考入牛津大学的基督教教会学院，毕业后因成绩优秀和知识渊博而留校任教，讲授希腊语、修辞学和哲学等课程。28 岁，获文学硕士学位。在牛津学习和工作期间，洛克对各种新科学、新哲学书籍颇感兴趣。他潜心研究了物理学、化学、气象学等自然科学，尤其对医学有很深的研究；讲课之余曾在别人开设的诊所里行医，具有丰富的临床经验。

洛克与牛顿、波义耳、塞登汉等名流交谊深厚。他后来提出的哲学主张和观点不少都得自波义耳的启发。启迪洛克走向哲学道路的是笛卡尔。洛克广结名流，从他们的思想中吸取营养，学到科学的认识方法，并以此来设计自己的人生蓝图。洛克还精通医理，由于他在哲学及教育学上的名气太大，医术之事鲜为人知。

1666 年某日，政治活动家艾希利勋爵旧病复发，经友人介绍，勋爵家人请洛克出诊。洛克经认真检查，诊断为肝脓肿，当即施行外科手术，对症下药，终于使勋爵康复如初。勋爵感激不尽，器重洛克才华，两人皆向往思想自由，政治见解惊人一致。翌年，洛克受艾希利之聘，迁入埃克塞特庄园担任他的私人秘书和医学顾问，并兼做他儿子的家庭教师。从此，洛克开始了他的教育生涯。洛克的教育目标是：使受教育者成为"理智"而有才干、"机敏"而有"预见"、态度"优雅"而"善于处事"的人，即"有德行、有能耐而又具有礼貌与良好教养的人"。带着这样的追求，洛克在教完勋爵之子后，接着又负责勋爵之孙的家庭教育。勋爵之孙在洛克的谆谆教导下，后来成为英国著名的伦理学家。洛克可谓这个家庭的两代宗师。他的教育思想发轫于勋爵之子，验证于勋爵之孙，成书于《教育漫话》。该书原为洛克与其友人爱德华·葛拉克讨论教育问题的通信，1688 年后，为了帮助英国上流社会家庭用"最容易，最简捷"的方法培养绅士，洛克将这些信札加以整理，于 1693 年公开出版。本文主要介绍洛克的这本小书，不过，在介绍他的学问之前，先说说他的情感，看看一个要培养绅士的人，自身情感有怎样的特点。

插曲：夭折的爱情和永恒的友谊

洛克曾经与年轻的达玛丽丝相爱，但对方已有婚配。这本是一曲典型的维特与绿蒂的哀歌。不过,《少年维特之烦恼》出版于 1774 年,比洛克发生情感晚一百年呢。另外,洛克可不是维特,或者说,以绅士教育名世的洛克不可能与狂飙突进时代的维特一样疯狂。可堪比拟的倒有 20 世纪初,发生在中国的思想巨擘胡适与美国的名媛韦莲司之间持续了半个世纪之久的热烈的爱情与诚挚的友谊。

洛克非常理智,恰当地处理了二者关系,愿与对方保持纯洁的友谊。老天回报他的是,他的晚年是在达玛丽丝家度过的,巨著《教育漫话》也是在她家里完成的。1691 年,体弱多病的洛克得到了达玛丽丝周全的照顾。他利用她家近 5000 册的藏书,深入研究教育理论,最后写出《教育漫话》。

洛克语录（1）："白板"说及其他

洛克生活的年代,新兴的资产阶级正在崛起,而中世纪的宗教教育却阴魂不散,神学教育还占主流。洛克对当时流行的笛卡尔的天赋观念论进行了激烈的批评。洛克断言,人的心灵是一张白板,上面没有任何记号,没有任何观念;一切观念和记号都来自后天的经验。他说:"我们的全部知识是建立在经验上面的,知识归根到底都是导源于经验的。"这就是有名的"白板说"。

洛克认为,人,特别是儿童,是完全可塑的,教育的作用非常大。他说,我们日常所见的人中,他们之所以或好或坏,或有用无用,十分之九都是他们的教育所决定的。人类之所以千差万别,便是教育之故。我们幼小时所得到的印象,哪怕极微极小,小到几乎觉察不出，却有极重大极长久的影响。正如江河的源泉一样，水性很柔，一点点人力便可以把它导入他途，使河流的方向根本改变；从根源上这么引导一下，河流就有不同的趋向，最后流到十分遥远的地方去了。虽然我们知道教育不是万能的，但适当强调教育在人的发展中的作用肯定不错。幼儿时期的教育与儿童成长的相关性就更加明显。对照今日两代亲人照应一个宝贝的现实，娇生惯养在所难免，希望芝兰玉树生在自家庭院也是情理中事，但由于寄托了太多的梦想，将野草视作芝兰的事也常有发生。足下的野草本来很好，不好的是：硬将野草培育成参天大树的那份激情以及由此横加在野草身上的压力。由于缺乏基本的教育理念和教育方法，多数幼儿的家庭教育与培养目标之间基本是南辕北辙。

洛克提出，教育的目的是培养合乎社会需要的绅士，什么是绅士？绅士必须是"有德行、有用、能干的人才"，必须具备"德行、智慧、礼仪和学问"四种品质，"绅士需要的是事业家的知识，合乎他的地位的举止；同时要能按照自己的身份，使自己成为国内著名的和有益国家的一个人物"。洛克认为绅士的培养不能通过学校教育，而应采用家庭导师教育，这跟当时"只能学得一点希腊文和拉丁文"的学校教育有关。他认为，导师较之学校里的任何人必定更能使孩子举止优雅，思想刚毅，同时又能知道什么是有价值的，什么是合适的，而且学习也更容易，成熟也更迅速。

与之对照的是，今日择校风中，一些家长对于私立学校、名牌学校的"趋之若鹜"，根本不是建立在对这些学校的教育理念的理解和认同上，而是追求"时尚"，但求安心，即所谓"不输在起跑线上"。——想出这句广告词的人，太了不起了。不过，地铁里也有这样一幅广告：一群人拼了命往前挤，往里钻，下面有这样一句话：我不在其中——提倡文明乘车。其实，"不输在起跑线上"的盲目与乱挤的行为相比，前者更不利于文明和发展。

我要说《教育漫话》真是一部很好看的小书，为人父母都应看看。下面随意摘要数例，窥一斑而知全豹，希望能引起阅读者的兴趣。

让学习成为乐趣

决不可把读书当作他的一种任务，也不可使他把读书看成一种工作……可以使儿童把学习看作一种游戏，看作一种消遣，假如我们把学习当成一件光荣的、快乐的和消遣的事情，假如不使他们因为忽略了求学就受到责备或惩罚，他们是会自己要求受教的。

宁可让学生迟一年学会读书，也不能让学生对学习产生憎恶的心理。

今天你跟孩子说，学习是一种游戏，一种乐趣，除非他是白痴或者天才，他才会相信。

学习未必是一件痛苦的事，为什么变成今天的样子？一则是幼时家庭教育方式错误，二则是长大之后与社会评价机制抵牾。

君不见，名牌大学附近有多少家长陪读，高中没"看"够，监护到大学来了。孩子的"爱好"千奇百怪，反正不是"知识"。据说现在的孩子上了小学以后就失去了学习的兴趣。此亦谁之过欤？

培养好奇心

儿童无论发出什么问题，不可制止他，不可羞辱他。应
答复他的一切问题，解释他所想要明白的事物，按照他的年
龄与知识的能量，使他尽量懂得……适当的答复就可以引导
他前进……除了认真地答复他们的问题和告诉他们所想了解
的事情以外，还要采用一些特殊的称誉的方法。从最小的时
候起我们就都是一些自夸自负的动物，应当利用自夸自负，
使儿童去做有益于他们自己的事情……儿童的问题不可忽
视，不可使他们得到虚妄的答复。他们如果受了轻视，或者
受了欺骗，他们是容易看出来的，他们很快地就会照着别人
的样子，学会疏忽、伪善和虚伪等等伎俩。

好的父母是能与孩子平等交流的。但答复孩子的一切疑问且
有意识地引导，非有宽广与深厚的知识不可。更重要的是耐心。
大人最易犯的错误是对孩子漫不经心、虚与委蛇，不知道孩子最
先学会的也是从你身上得来的敷衍应付。

本来，孩子自有孩子的玩伴，在他们的游戏交往中会触发问
题，进行探讨。现在这一切也难以实现。独生子女，更多时间是
与大人为伴。传统的口耳相传的故事、童话失去了市场，奶奶、
外婆口里的故事，让位于"葫芦娃""奥特曼"，让位于各种文明
人编制的口径统一的画册，靠这些长大的孩子，想象也是贫
瘠的。

父母对生活、对人生充满好奇，才有活泼泼的心思，才能培
养孩子的好奇心。只知道花钱送孩子上奥数班、兴趣班什么的，
对人对己，都是摧残。

关于教育上的错误

教育上的错误比别的错误更不可轻犯。教育上的错误正和配错了药一样，第一次弄错了，决不能借第二次、第三次去补救，它们的影响是终身洗刷不掉的。

对教育失误的严重性，父母、教师认识得极为不够。家长犯的教育错误有多少？像曾子一样言而有信的有几人？以为自己是大人，有特权，可以随意发号施令，可以朝令夕改出尔反尔，不知道这些错误将全部连本带利由孩子的种种叛逆行为加倍返还。这方面的错误是终身洗刷不掉的，我们得为自己种下的苦果承担责任，须知良好的愿望不能拯救一切。

关于溺爱

我觉得一般人教养子女有个重大的错误，就是对溺爱没有及时加以充分的注意；精神在最纤弱、最容易支配的时候没有习于遵守约束，服从理智……被溺爱的孩子必定学会打人、骂人，他哭着要什么东西，他便一定能得到；他心里想做什么事情，也一定要做。这样一来，父母自己在孩子幼小的时候，溺爱他们，把他们的本性弄坏了。父母在泉水的源头投下了毒药，日后亲身喝到那苦水，却又感到奇怪。

高尔基说得多好：爱孩子是连母鸡也会的事，教育孩子却是人类的高尚行为。实际生活里，许多父母未必超过母鸡的行为。因为母鸡还要教会小鸡生活的本领：怎样觅食。

溺爱一旦成为习惯，孩子的一生将会遭受重大损失。他将变得以自我为中心，脆弱，乖戾。——这些都绝不是父母愿意看到的，可后来他们都看到了，还觉得十分惊异，他们不愿意承认，这一切最初都是自己教会孩子的。

关于惩罚

　　除了顽梗以外，什么事情都不应该使用专横或粗暴的办法去对待。其他一切过失都应该用温和的手段去改正……自然，顽梗和有意的疏忽是应该克服的，即使要用鞭挞也是不能顾惜的。但是我觉得，学生的刚愎倔强常常是导师刚愎倔强的结果。

　　教师态度应该慈爱、温和。见异思迁，漫不经心，疏忽大意，思想混乱，这都是儿童时期的自然的过失。教师应该温和地加以提醒，不可恼怒与申斥并举，责备与惩罚交加。因为这样会造成儿童恐怖的心理，而恐怖的心理是不能接受教导，增加知识的。

　　你不能在一个战栗的心理上面写上平正的文字，正同你不能在一张震动的纸上写上平正的文字是一样的。只有当学生心理保持一种安闲澄静时，他才能接收新的知识。

孩子不是天使，孩子肯定会犯错。前面说不可溺爱，有人就以为应当严厉。也不对。

教师不应该对儿童任意实施惩罚，当然对有意的疏忽也可以适当体罚，理由如上。

我们要强调的是：不要把受教育者当出气筒，虽说迁怒于人是人的弱点和恶习，见诸报端的暴力教师只是其中的极端，但日常生活中，对儿童实施暴力的父母和教师还是大有人在。

惩罚是告诉他：你是真的犯了错误，必须为自己的错误承担责任。而不是说，你惹我生气了，你触犯了我，所以我要惩罚你。

教育者需要极其宽容的胸怀。一名好教师对学生的影响太大了。基础教育阶段的教师，人品比学问更重要。

正以教师为业的，正为人父母的，你能让你的学生、你的孩子，让他们的心理保持一种安闲澄静吗？如果真是这样，世界可能会太平得多。

先解决教育者的凶暴、乖戾。教育者至少要心理健康，心情平正。

洛克语录（2）："德智体" 怎样全面发展

从对绅士教育目的的理解出发，洛克将绅士教育的内容划分为体育、智育和德育三个方面，并把着眼于实际的锻炼法分别贯彻在三育之中。

关于体育

健康的精神寓于健康的身体，这是对于人世幸福一种简短而充分的描绘。

我们要能工作，要有幸福，必须先有健康；我们要能忍耐劳苦，要能出人头地，也必须先有强健的身体。

脑袋戴得温暖是最容易惹起头痛、伤风、发炎、咳嗽等等疾病的。

身体强健的主要标准在能忍耐劳苦。

这种节制的精神无论在健康方面，在事业方面，都是十分必要的。

孩子睡在羽绒被褥里，必将消融其体魄，那简直是虚弱的原因，短命的先兆。

健康的身体是满足个人幸福，获得事业成功的前提条件。这是常识，不赘。

今日对独生子女的过分呵护肯定有违洛克提出的标准。洛克的标准非常细致，他要求儿童白天晚上最好都不戴帽子。常用冷水洗脚、洗澡。在饮食方面他提倡粗食淡饮，主张少吃或不吃肉类；禁用酒类或烈性饮料。儿童要养成早睡早起，睡醒即起的良好习惯。儿童的卧床应是坚硬的，寝具应为棉絮。

这一切，现在哪些家庭能做到？会不会被有些家长视为天方夜谭？

一个民族的萎弱，是身体和精神一起萎谢的。身体上娇生惯养，精神上怎能强大？

关于德育

美德是精神上的一种宝藏，但是使它们生出光彩的则是良好的礼仪。

一切道德与价值的重要原则及基础在于：一个人要能克制自己的欲望，要能不顾自己的倾向而纯粹顺从理性所认为最好的指导，虽则欲望是在指向另外一个方向。

大凡不能克制自己的嗜欲，不知听从理智的指导而摒绝目前的快乐或痛苦的纠缠的人，他就缺乏一种德行与努力的真正原则，就有流于一无所能的危险。

一个绅士的第二种美德是良好的礼仪，容貌、声音、言词、动作、姿势以及整个外表的举止都要优雅有礼，他既不忸怩羞怯、局促不安，也不行为不检、轻漫无礼；既尊重别人，也不轻视自己；谦逊温和，明达事理，给人以好感，与人合得来。

洛克把服从理智的指导，克制欲望的能力作为道德的基础。中国有句老话说得好：无欲则刚。意思相同。

自我克制，要从娃娃抓起。理性会随着个人的成长逐渐昌明。

我们看到多少被溺爱的孩子，很快就学会了打人骂人，刚愎自用，桀骜不驯，为所欲为。

幼时养成他们绝对服从父母意志的习惯，长大后就能服从自己理智的约束了。当然，绝对服从父母意志只是一种说法，并不意味着体罚，体罚只能养成奴隶式的脾气。奖励与惩罚是教育儿童的一种方法，但要施用得当。

第二美德——礼仪教育现在被重视了。

礼仪使平庸的生活变得庄严，礼仪赋予日常生活崭新的意义。

孩子的礼仪锻炼从交往中来，得体的礼仪教会他谦逊的举止，最后实现融洽的人际关系，创建和谐的社会氛围。

关于智育

知识教育的目的不只在于传授科学知识，更重要的是发展理解能力、思维能力，为进一步学习打下基础。

教师的工作不在于把世上可以知道的东西全都教给学生，而在于使学生爱好知识，尊重知识，在于使学生采用正当的方法去求知，去改进他自己。

关于知识和能力，说得太多了。

庄子干脆心灰意懒，告诉我们不要试图穷尽知识，因为那样会斫伤天性。

我们这里要说的是：让孩子爱学习，是一项重大工程。爱学习不是爱做题，爱考试。而是对一切未知的东西保有好奇心。

难吗？太难了。能吗？大家都来试试吧。

洛克的《教育漫话》在西方教育思想发展史上占有重要地位，对后来各国（特别是英国）资产阶级的教育实践和教育理论的发展产生了重要影响。《教育漫话》付梓未久，即传遍全英，1695 年译成法文，1710 年译成德文，后又有荷兰、瑞典、意大利诸国译本面世，其思想也随之风靡整个欧洲大陆。

洛克作品《教育漫话》（节选）入选上海高中语文读本《走近经典》。

杜牧　星宿罗胸气吐虹

　　杜牧，字牧之，京兆万年（今陕西西安）人，一生经历了唐代的德、顺、宪、穆、敬、文、武、宣八朝，是晚唐著名的文学家。他擅长诗、赋与古文，诗歌的成就尤为突出。

　　"二十四桥明月夜，玉人何处教吹箫""停车坐爱枫林晚，霜叶红于二月花"，这些清词丽句众口相传。"东风不与周郎便，铜雀春深锁二乔""商女不知亡国恨，隔江犹唱后庭花""一人之心，千万人之心也；秦爱纷奢，人亦念其家"……这些思接千载的感慨显示了诗人的豪情和深刻的史识。

　　传说中的杜牧是多情的，他有怎样的丰富人生和创作实绩呢？

两枝仙桂一时芳

唐德宗贞元十九年（803），杜牧生于都城长安。杜牧的家族是号称"城南韦、杜"的世家望族。远祖杜预，是晋朝赫赫有名的征南大将军，也是大学问家，撰有《左传集解》。祖父杜佑，历任唐德宗、顺宗、宪宗三朝宰相，勤于学问，精通史事，著有《通典》。这本书考明历代典章制度，是重要的历史著作。父亲官至驾部员外郎。堂兄曾做过宰相。杜牧对自己的出身极为自豪，他说："第中无一物，万卷书满堂。"这样的家庭环境和家族文化传统对杜牧的一生产生了深刻影响。可惜，在这个名门望族中，杜牧家一支却未能借之兴旺发达，反而渐渐地衰落。在诗人10岁时，祖父杜佑去世了。过了不久，父亲也英年早逝，家产不丰。杜牧家很快落到了变卖房产、走亲讨乞、无衣无食的境地。少年的杜牧，在这种饥寒交迫的生活中，在这样炎凉不定的世态中，塑成了自己"刚直有奇节，不为龊龊（龊龊：谨小慎微）小谨"的性格。

在生活困境中，杜牧开始了他的读书学习生涯，到了20岁的时候，杜牧更通读了《尚书》《毛诗》及十三代史书。杜牧读书与一般的士子不同，他的目的在于研读治国之道。他的政治理想是，用文德教化开导四方边民，打击外族入侵和藩镇割据势力，从而创造一个太平盛世。

杜牧生长的年代，距离盛唐已有七八十年之遥了。"安史之乱"后唐王朝一蹶不振，藩镇割据的局面长期改变不了。杜牧成长的数十年间，藩镇相继作乱。读书阶段的杜牧，已经开始关心国家大事。这时，宪宗皇帝稍能振作，出现了"元和中兴"。杜牧一生始终幻想着挽救唐王朝的危运。宪宗晚年好神仙，炼丹药，昏聩腐败，于元和十五年正月为宦官所杀。穆宗即位，改元长庆。杜牧其时 19 岁。这一年藩镇割据故态复萌。朝廷讨伐，久攻不克。杜牧认为一个国家要立于不败之地，必须有强大的军事力量；而这军事力量必须由卿大夫来执掌，假使卿大夫不能担负起这个任务，那是自己的耻辱。

二十多岁的杜牧，虽然还未曾入仕，就为了削平藩镇，向带兵将领慷慨陈词。可惜穆宗同样好酒色，服金丹，执政四年就短命而死。敬宗继位，这又是个贪耍好玩的儿皇帝，大筑宫室，荒淫无度。杜牧本希望有一个清明圣哲的君主，自己好施展才力，然而，穆宗、敬宗都让他大失所望。他为此写成了名作《阿房宫赋》，借秦始皇骄奢淫逸而亡国的故事，来抒发自己的忧愤，希冀当朝皇帝有所醒悟。

不久宦官杀了敬宗，拥立文宗，那年杜牧 25 岁。经过长期攻读，他开始走向社会。他察访风土人情，发现吏治腐败、社会动乱的根本原因是藩镇割据。杜牧感到无官无职，再有才能也无从发挥，所以在第二年赴洛阳应举。由于才学出众，杜牧以第五名及第，一举成名。录取后杜牧和朋友到城南禅院游玩，遇到一个和尚，和尚问其姓名，杜牧为和尚不知自己这个名动京师的新科进士的姓名而惊讶，因此题诗："家在城南杜曲旁，两枝仙桂一时芳。禅师都未知名姓，始觉空门意味长。"一来见出诗人科举考试高中的得意之情，二来也显示了诗人的洒脱不羁。

十年一觉扬州梦

杜牧中举后，仅做了半年京官便离开了京城，先后在江西观察使、宣歙观察使和淮南节度使幕府中当了近八年的幕僚。33 岁时，一度升为监察御史。但不到两年，弟弟杜颤便患了眼病，双目失明。为了给弟弟治病，他告假百日，与医生同去其弟居处扬州。按唐代的规矩，请假满百日，依例去官。一个展示才华的机会，又错过了。于是，杜牧只好再去做幕僚。在他 35 岁的那年秋天，他带着双目失明的弟弟去了宣州，在观察使崔郸幕府做殿中侍御史。这一去又是两年。杜牧 37 岁至 39 岁间，又赴京供职，先后任史馆修撰等职。40 岁时，被宰相李德裕排挤出京。诗人锐意进取，又一次遭遇挫折。他的济世经国之理想，再次蒙受打击。

　　十年幕僚生涯，风华正茂的诗人一挫再挫，壮志消磨。但杜牧毕竟非等闲之辈，自由的天性和丰富的情感也在塑造他风流俊逸的形象。杜牧才思敏捷，聪明过人，办理公务在他并非难事。他处理完公文就陪上司和同僚饮宴游乐，在朝歌夜饮的环境之中，诗人放荡不羁的习气萌发了起来。在江西观察使沈传师手下当幕僚时，他结识了舞姬张好好。

　　这位十三有余的歌女，身穿翠绿衣裙，袅袅婷婷，就像飘曳着鲜亮尾羽的凤鸟；那红扑扑的脸蛋，更如一朵摇曳清波的红莲。赣江之畔滕王阁中，张好好如群星拱卫的新月，连沈传师在座中初睹其风姿也惊讶失态。诗人属意于年少美貌的张好好，但张好好后来被上司沈传师的弟弟沈述师看中了，纳而为妾，不久又抛弃，落得个悲惨的结局。

　　第二年九月，沈传师迁任宣歙观察使，杜牧跟随到了宣州。公务之余，杜牧研究自然科技，对古代百工之事产生浓厚兴趣，给《考工记》作注。

31 岁那年，沈传师命杜牧到扬州拜问牛僧孺，其时牛僧孺任淮南节度使。不久诗人留在牛僧孺幕中担任掌书记。扬州是一个繁华的商业城市，笙歌沸天，珠翠塞途。张祜诗云"人生只合扬州死，禅智山光好墓田"，可见扬州对士人的吸引。杜牧来到扬州，更加放浪不拘。牛僧孺非常器重杜牧，派士卒暗中关照他。等到后来杜牧离开扬州将赴长安供职时，牛僧孺置酒送行，叮嘱他注意小节，保重身体。杜牧当时还辩驳说："幸亏我一直比较检点，您不必担忧。"牛僧孺笑而不答，让手下人取来一本小册子，上面写着某月某日，杜书记在某家宴饮；某月某日，杜书记在某家唱歌。一共一百多条。诗人十分惭愧，拜谢牛僧孺，终身铭感。

诗人在扬州及以后的一段生活，确实有放纵的一面。不过这是唐代风习。白居易、李白甚至杜甫，都有类似行为。可能杜牧更为多情一些，所以后世有不少关于他的浪漫故事，基本当不得真的。如说杜牧在任池州刺史期间，有个怀孕的小妾，他突然不喜欢了，就送给别人，结果生下了一个儿子，据说这个儿子就是晚唐著名诗人杜荀鹤。还有说杜牧在宣州任幕僚期间，到湖州游玩，认识了一个十多岁的小姑娘，当时很是欢喜，说是十年后来迎娶她。十四年后，杜牧到湖州任职，这个姑娘已嫁人生子，杜牧乃怅然为诗："自是寻春去较迟，不须惆怅怨芳时。狂风落尽深红色，绿叶成荫子满枝。"这两个故事为后人所津津乐道，但可能均系编造。

杜牧是一个正直重情、有气度有操守的人。他有艳情诗，但并非轻薄之徒。诗人后来回顾这段生活，写下《遣怀》诗："落魄江湖载酒行，楚腰纤细掌中轻。十年一觉扬州梦，赢得青楼薄幸名。"繁华梦醒，忏悔艳游，诗人对自己落魄江湖，十年梦幻般的生活是十分不满意的。

衣上尘痕拂渐难

诗人40岁那年离京外任，做了六年多的地方官。先是任黄州刺史，后转为池州刺史，再迁为睦州刺史。与过去做幕僚大不相同，他是一方父母官，可以凭自己才华造福一方。在黄州刺史任上，他革除弊政减轻赋税，还上书李德裕，陈述用兵策略。李德裕采纳了他的意见。46岁时杜牧迁调回京，任司勋员外郎、史馆修撰。在京期间，他著有《孙子注》一书，献与宰相。但江河日下的唐王朝使他倍感失望，无力扭转乾坤，心情不由得消极起来。

一年后，杜牧自请外放，出为湖州刺史。这时的杜牧，感叹"清时有味是无能，闲爱孤云静爱僧""行乐及时时已晚，对酒当歌歌不成"。在失望和无奈中，他似乎对一切都失去了信心。晚年的杜牧大概有病在身，他厌倦了仕途，"镜中丝发悲来惯，衣上尘痕拂渐难"。

杜牧当年自感"星宿罗胸气吐虹"，到了人生暮年，还是不愿以诗人的身份传名后世，在临终之时，诗人焚烧了自己诗稿。唐宣宗大中六年（852）十一月，诗人病卒于故乡老宅，终年50岁。

咏史言志　锐气英发

从个人期许上看，杜牧主要是想在政治上有所作为，实现经世济民的宏大理想；对于诗歌创作，他也企盼能紧随诗仙李白、诗圣杜甫之后，成为一代著名诗人。尽管诗人死前将自己诗作大都烧毁，表明遗恨，但他死后，他外甥还是将平素搜集抄录的杜牧诗文四百五十首编为《樊川文集》二十卷，诗人的作品才得以保存下来。杜牧的诗歌涵盖的内容较广，从题材的角度说，有咏史抒怀、咏物记游、咏人诗及艳情诗等，而各类诗中均有脍炙人口的名篇。

杜牧生活的时代，大唐帝国已经衰落。内部宦官专权，党争激烈；外部藩镇割据，吐蕃扰边。杜牧是星宿在胸、吐气如虹的人，透过唐王朝衰落的内忧外患，诗人有对政局的深刻思考，自然要借诗作抒发其政治理想。

我们都熟悉杜甫"致君尧舜上，再使风俗淳"的理想，也十分推崇诗圣以天下为己任的情怀，其实杜甫这句诗说得很抽象。而杜牧则说得更为具体深切："平生五色线，愿补舜衣裳。弦歌教燕赵，兰芷浴河湟。腥膻一扫洒，凶狠皆披攘。生人但眠食，寿域富农桑。"这首诗比杜甫的理想更具体，有措施、有目标。

杜牧继承了左思"名为咏史，实为咏怀"的传统，将其政治理想和主张寓于诗中。杜牧的咏史诗借古鉴今，或者讽刺封建统治者荒淫误国，如我们熟悉的《过华清宫绝句》讽刺唐玄宗宠幸杨玉环；或者借古代人事申说自己的政治主张，如《题乌江亭》借项羽言志，诗人说，假如项羽能"包羞忍耻"，那么当"卷土重来"再创伟业。

《赤壁》一诗更是锐气英发，咄咄逼人。我们熟悉苏轼笔下周瑜"小乔初嫁了，雄姿英发，羽扇纶巾"的风流得意，连苏轼都如此叹赏的周瑜，在杜牧笔下则是被批评和嘲笑的对象。诗曰："折戟沉沙铁未销，自将磨洗认前朝。**东风不与周郎便，铜雀春深锁二乔。**"赤壁之战是决定三国鼎立局面的关键性战役，在这场大决战中，孙、刘联军在周瑜的指挥下大败曹操。诗人假设"东风不与周郎便"的意外情况，冷静地反思周瑜成功的原因，让人们在诗人的假设推理中去弄清一个事实，即赤壁一战的关键在于孙、刘联军能利用"东风"时机，一举取胜。如果没有东风之便，说不定惨败的是吴军，到时候孙策、周瑜连老婆都保不住了。前文已说杜牧曾为《孙子》作注。他精通兵书战策，审视赤壁之战，用诗歌阐述自己的军事观点，告诫朝廷用兵时一定要抓住有利时机，切不可盲动。

杜牧写诗喜欢议论，不仅感怀咏史诗中有突出的表现，在记游诗中也时有反映，如"商女不知亡国恨，隔江犹唱后庭花""霜叶红于二月花"等，这一特点深深影响了随之而来的有宋一代的诗歌的整体特色。

风物记游　足见襟怀

杜牧的记游诗最为人们激赏，写景干净清爽，议论警醒世人，虽不有意言志而怀抱自现。

先看借景生情，抒写生活感受的：

"远上寒山石径斜，白云生处有人家。停车坐爱枫林晚，霜叶红于二月花。"（《山行》）寒山石径白云缭绕处，还有人家居住，天色将晚枫林如火，直让诗人流连忘返，字里行间凝聚着诗人对生命与自然的钟情爱恋。

"青山隐隐水迢迢，秋尽江南草未凋。二十四桥明月夜，玉人何处教吹箫？"（《寄扬州韩绰判官》）前句以大写意的手笔描绘了深秋之中扬州的山光水色，流露出对扬州旧地的深深留恋。后句设想今宵盛况，以明月、玉人、箫声点染，绘出一个鲜活的画面，以问作结，透露出对友人生活的关切之情。

"雨过一蝉噪，飘萧松桂秋。青苔满阶砌，白鸟故迟留。暮霭生深树，斜阳下小楼。谁知竹西路，歌吹是扬州？"（《题扬州禅智寺》）寒蝉悲秋，松桂飘摇，脚下满阶青苔，眼前小鸟归巢，斜阳时落，暮色渐起，与彻夜歌吹的扬州城比起来，禅智寺总是冷落的，看上去是悠闲的风景，实则暗示了诗人怀抱空落的苦闷。

"六朝文物草连空，天淡云闲今古同。鸟去鸟来山色里，人歌人哭水声中。深秋帘幕千家雨，落日楼台一笛风。惆怅无因见范蠡，参差烟树五湖东。"（《题宣州开元寺水阁》）草色连天，引出六朝兴衰之思；天淡云闲，逗来古今变迁之想。鸟去鸟来，朝出晚归，人歌人哭，消于水声，人生过客之感继之而发。自然大化而人生渺小，遥望五湖烟树，生出追随隐者避世之想。有人评价此诗乃"沉郁之调，大悲之情，如野寺古钟空远回响"。

和杜牧并称为"小李杜"的李商隐诗风深婉绵邈，杜牧则表现为风华流美，英爽俊拔。杜牧写景追求蕴藉，爱用清词丽句，但不慕深晦艰涩，力避华艳辞藻。这样的名句很多，如"小楼才受一床横，终日看山酒满倾。可惜和风夜来雨，醉中虚度打窗声"（《宣州开元寺南楼》），如同口语又不浅俗；"南去北来人自老，夕阳长送钓船归"（《汉江》），蕴藉而不晦涩；"雪衣雪发青玉嘴，群捕鱼儿溪影中。惊飞远映碧山去，一树梨花落晚风"（《鹭鸶》），明丽而不华艳。

再看借景物生发议论，指斥时弊的：

"长空澹澹孤鸟没，万古销沉向此中。看取汉家何事业，五陵无树起秋风。"（《登乐游原》）长空广漠，一只鸟儿悠悠远去，从视野里消失。其实亘古以来的一切变化都好像这只鸟儿，也消失在无尽的时空之中。远望西汉五位皇帝的陵园，秋风起处一片荒凉，那辉煌的大汉王朝如今只剩下废墟。诗人在对汉朝兴衰的凭吊中，慨叹大唐帝国的江河日下。

"千里莺啼绿映红，水村山郭酒旗风。南朝四百八十寺，多少楼台烟雨中。"（《江南春绝句》）千里江南到处都是悦耳的莺歌；村落临水，城郭傍山，酒旗飘扬。南朝佛教兴盛时建造了多少庙宇，如今还遗留下不少楼台，矗立在迷濛的烟雨之中。诗歌描绘的是优美的图画，诗人巧下伏笔，以南朝敬佛并未能保国修身告诫唐朝的统治者信佛求福的荒唐。

记人赠别　深情款款

杜牧还有不少宫怨诗和寄赠歌妓的诗歌，品位较高，而咏人的两首长诗尤为优秀。

长诗《杜秋娘》凡 112 句，672 字。全诗以纪实的笔法描写杜秋娘一生的宫女生活和悲惨的命运。杜秋娘早年是藩镇宠妾，"京江水清滑，生女白如脂。其间杜秋者，不劳朱粉施"。入籍宫中后为皇帝爱妃，年老色衰后做了皇子的保姆，晚年则成了统治阶级争权夺利的牺牲品，被放还故乡。她在宫中三十年，侍奉过宪宗、穆宗、敬宗、文宗四代皇帝，然而晚年生活十分悲凉，诗人写道："归来四邻改，茂苑草菲菲。清血洒不尽，仰天知问谁。寒衣一匹素，夜借邻人机。我昨金陵过，闻之为唏嘘。自古皆一贯，变化安能推……"

《张好好诗》（局部）

长诗《张好好诗》也是纪实之作，凡 58 句，348 字。她 12 岁入乐籍，"君为豫章姝，十三才有余。翠苗凤生尾，丹叶莲含跗"。凭着天生丽质和歌舞才能曾受到恩遇。

16 岁时，张好好被沈述师纳为侍妾，19 岁便沦落街头，靠卖酒为生。杜牧与她重逢"感旧伤怀"，写道："洛城重相见，婥婥为当垆。怪我苦何事，少年垂白须……斜日挂衰柳，凉风生座隅。洒尽满襟泪，短歌聊一书。"对张好好的命运寄予了真挚的同情，同时也为自己年华已逝而感伤。

杜牧在描写歌妓的诗中，《赠别二首》最为人们所传诵。

娉娉袅袅十三余，豆蔻梢头二月初。春风十里扬州路，卷上珠帘总不如。

多情却似总无情，唯觉樽前笑不成。蜡烛有心还惜别，替人垂泪到天明。

第一首极赞对方青春美貌。十三四岁的年龄，轻盈袅娜的姿态，宛如早春二月间初绽的豆蔻花；十里扬州，红粉佳人不知有多少，可是卷起珠帘细细端详，就会发现这一个最为美丽。全诗欣赏中颇含深情。第二首诉说临别时酸楚的离情。写情含婉，语淡意浓。

杜牧不仅是一个风格卓异特立的诗人，而且是个笔力雄健的散文家。青年时代的杜牧敢于直陈己见，笔力遒劲，语言犀利。他读书甚勤，博古通今，文章旁征博引，深厚有力。杜牧文章以韩愈为宗师，吸取辞赋的抒情技巧，使文章抒情色彩浓郁，从他身上可以看出从唐文向宋文过渡的痕迹。《北江诗话》称誉："有唐一代，诗文兼备者，唯韩、柳、小杜三家。"杜牧散文体类丰富，其中成就最高的是政论文，这跟他的襟怀抱负有关。胸中有丘壑，有对世间热烈的关切，文章才会吐气如虹。

杜牧作品入选语文版语文教材、读本的有《山行》《江南春》《清明》《赤壁》《泊秦淮》，入选其他版本语文教材、读本的有《秋夕》《过华清宫》《阿房宫赋》等。

李商隐　一生襟抱未曾开

　　"春蚕到死丝方尽，蜡炬成灰泪始干""天意怜幽草，人间重晚晴""夕阳无限好，只是近黄昏"……这些耳熟能详的诗句出自李商隐之手。李商隐是怎样一位诗人呢?

　　李商隐（约813—约858），字义山，号玉谿生，别称樊南生，怀州河内（今属河南沁阳）人，一生经历了宪宗、穆宗、敬宗、文宗、武宗、宣宗六个朝代。其诗辞婉意深，善于用典，浓丽沉郁。后人把他同李白、李贺并称，号为"三李"。就晚唐诗坛来说，他与温庭筠、段成式齐名，时称"三才"；又与杜牧比肩，被誉为"小李杜"。李商隐无愧是晚唐诗坛的杰出代表。

郁郁平生，位卑年促

唐宪宗元和年间，李商隐诞生在获嘉（今属河南新乡市）。当时李商隐父亲是获嘉县令。李商隐先祖和唐高祖李渊是堂弟兄，因此李商隐以"我系本王孙"自许。但李商隐没有得到任何"王孙"的优待。从高祖到诗人，李氏多为中小官吏，从未显赫过。诗人的童年是在父亲官衙中度过的。父亲俸钱甚微，三姊一弟，家口颇多，生计维艰。

李商隐启蒙较早，他自己说"五年读经书，七年弄笔砚"。10岁父亲病逝，诗人整个少年时代是在孤儿寡母的困窘中度过的。父丧期满，举家迁到洛阳。在10岁到17岁期间，他一面担起长子重任，靠给别人抄书补贴家用；一面发奋读书。在堂叔的启蒙下，少年诗人16岁写出《才论》《圣论》，颇有文名。

17岁到26岁的十年间，李商隐一直在参加科举考试。唐代求取科举功名先要走"温卷"之路。所谓"温卷"，就是将自己的作品先送到名家手里，以求推荐。诗人先后拜谒了令狐楚、崔戎等地方显宦。令狐楚赏识诗人才华，聘其为幕僚，多次调任也都带着他。入幕四年间，令狐楚不仅在经济上资助他，还亲授学问，多方奖誉。22岁那年，诗人进京赶考，名落孙山。这时李商隐又得到了华州刺史崔戎的赏识。于是便入崔府为幕僚。两年后李商隐又一次进京应举，结果又名落孙山。这时，崔戎已死，李商隐凭吊崔戎过后，无意去投令狐楚，而是去玉阳山入道学仙。此举并非真的修道，而是想走"终南捷径"。李商隐落第不是因为才学不足，而是没有朝中显宦的提携。

26 岁那年，令狐楚的旧友高锴知贡举，令狐楚的公子令狐绹又在朝中为官，令狐楚便让儿子向高锴力荐李商隐，这样，诗人终于中进士第。

按唐朝举士制度，进士登第后，必须通过吏部复试，才能授以官职，可惜诗人在这次考试中又落选了，便去了泾原（今甘肃泾原），在节度使王茂元处做了幕僚，并娶王茂元女为妻。

28 岁那年诗人终于通过了吏部考试，做了秘书省校书郎。此官仅为九品，但职位重要。可是好景不长，不久他就被外任去做弘农县尉，一年多后辞职投靠岳父王茂元。

31 岁的诗人参加吏部的书判甄拔试，得以入选；但命途多舛，恰在这时老母过世。按唐朝礼制，官吏遇父母丧事要居家服丧三年。诗人回家服丧，等服丧期满返回长安不久，政局发生了变化。武帝死，宦官立宣宗即位，不满于宦官参政的李党失势，而倾向于宦官集团的牛党复振。正直的诗人李商隐，对宦官政治极为不满，毅然辞职，从此便开始了他天涯漂泊的幕府生活，一直到生命终了。

诗人 36 岁这一年，给事中郑亚被外放为桂州刺史，李商隐接受了郑亚的邀请，为掌书记。入幕二年。次年郑亚贬循州刺史，诗人离桂州北归。这年冬，于长安参加吏部外官内调的冬选，选为盩厔（今陕西周至）县尉。不久，又改为京兆尹参军，职典章奏。

诗人 38 岁这一年应武宁节度使卢弘正幕，为判官。次年，抵徐州幕府。第三年，卢弘正死，李商隐妻王氏也因病去世，诗人离开徐州，返回长安。小住长安期间，迫于生计，曾拜谒令狐绚，得补太学博士，做了几个月有职无权、类于闲官的国子监的教书先生，这年七月，便另谋他职。40 岁后诗人应柳仲郢征辟，追随柳长达六年之久。

诗人 47 岁那年二月，柳仲郢回京任刑部尚书，李商隐在柳手下并非正式"公务员"，所以柳一离任，诗人也就自然被解聘了。无奈之中，只好回到老家郑州。遭此变化，本来就体弱多病的诗人再也支撑不住了，居家未久，便于郁郁中与世长辞，年仅 47 岁。

莫近弹棋局　中心最不平

李商隐的一生仕途坎坷，主要原因是卷入了牛李党争。牛李党争，是指上起唐穆宗下迄唐宣宗（821—859）近四十年间，以牛僧孺、李宗闵为首的牛党与以李德裕为首的李党之间的政治斗争。宪宗元和年间，举人牛僧孺和进士李宗闵在对策中指陈时政，惹恼了宰相李吉甫，主考官被罢免，牛、李等亦被斥。穆宗时，牛党李宗闵为了亲戚考试的事向主考官请托，遭到李德裕等弹劾，李宗闵因而被贬。文宗时，在对待吐蕃副使归唐问题上，牛、李两党各持相反政见，而李德裕受挫。武宗即位，李德裕为相，牛僧孺、李宗闵等牛党人物被外放。宣宗即位，牛派得势，李党纷纷被罢黜。最后李德裕死于贬所崖州（今海南海口），牛僧孺还朝不久也病死。两派斗争近四十年，基本上和李商隐的一生相始终。

新、旧《唐书》和元代辛文房的《唐才子传》认为首先赏识李商隐的令狐楚属牛党，而诗人的岳父王茂元属李党，李商隐是先投牛党而后依李党，终为牛党所恶。李商隐徘徊于牛、李党人之间，不仅为牛、李党人所斥，也被当时的知识阶层瞧不起。

后世研究者对李商隐在两党之间扮演的角色一直争论不绝。一派认为李商隐人品有缺陷，政治上有瑕疵，爱情上也有让人非议之处；一派认为李商隐人品绝无问题，爱情上坚贞深沉，让人叹赏。

陈寅恪说李商隐依违于两党之间而终于受到两党的排挤。杨柳认为，李商隐是一位有政治抱负和文学才华的人，主观上并不想参与党争纠纷，也没有视自己为牛党或李党的人；客观上却卷入这场政治派系斗争，受到牛党特别是令狐绹的打击，怀才不遇，潦倒终生。吴调公认为，李商隐先后追随的幕主涉及两党人物，无怪乎他徘徊于两党之间而饱受白眼。

傅璇琮的看法比较公允，他认为，李商隐确实卷入了党争。李德裕一派在中晚唐时是一个要求改革的政治集团，他们与牛僧孺等因循保守的一派鲜明对立。由于中晚唐社会极端腐败，李党终于失势，而李商隐正是在李党面临失败的无可挽回的情况下同情李党，并为李党辩诬申冤，因而受到牛党的打击。这恰恰显示了李商隐可贵的政治品质，李商隐不是历史上所说的汲汲于功名仕途，依违于两党之间的软弱文人。傅璇琮的观点得到许多研究者的赞同。

是深挚的爱情，还是自伤身世

李商隐的第一次婚姻在史料和诗人作品中都没有留下什么痕迹。不过，在李商隐与前妻的婚姻结束后，到与王茂元之女再婚前，李商隐曾结识了两位女性，并萌生过爱慕之情。这两个女子，一个是柳枝，一个是宋华阳。

23 岁那年，李商隐因病未应进士试，留居崔戎幕府中。此间，诗人在洛阳结识了商人的女儿柳枝。柳枝年方 17 岁，活泼可爱，精通音乐。李商隐的堂弟住在柳枝家附近。有一天，堂弟在柳枝家吟唱李商隐的诗歌《燕台》四首，柳枝偶然听了，便觉诗情动人，就跑过去问："何人有这等情感？何人写出这样好诗？"

《燕台》四首吟咏了一段浓厚悲剧色彩的爱情，诗分春、夏、秋、冬四题，抒发对所思慕的女子四季相思之情。从春光烂漫中寻觅娇魂不得开始，转而回忆往昔两人曾经的短暂欢会，再想象她秋夜含愁独坐，最后想其身处孤冷之境，芳心已死，爱情幻灭，一切早已烟消云散。全诗以奇幻的想象来构筑朦胧的意境，哀感缠绵，令人低徊不已。

柳枝得知诗人就在身边，随即亲手扯断衣带，打了一个同心结，托人转赠给李商隐。第二天，李商隐便来见柳枝。柳枝约李商隐三天后在河边相会，当时风俗，三天后是女孩子在河边洗衣祈福消灾的节日。李商隐答应了，可是他有一个结伴同行的朋友急着赶路，先带着李商隐的行装上路了，李商隐无奈只得离开了洛阳。不久，柳枝被权贵娶走了。

所爱对象由于某种不得已的原因，远离而去，铸成终生憾事。多年以后，诗人在风朝月夕想起与所爱者的欢会之所，愁思百结。对方早已消失在茫茫人海，当年倩影却永远隐藏在心。这便是最初的爱情带来的痛苦。

一年以后，李商隐第二次应试不第，在玉阳山修习道业，结识了女道士宋华阳。华阳是女道士修行的道观名。宋华阳的生平事迹不得而知。

李商隐诗中直接提到宋华阳的有两首，未点明宋华阳而与女道士有关的诗，还有《碧城三首》、《圣女祠》三首、《药转》、《银河吹笙》等。

那些久远的爱情本就难以细究。湮灭在时间尘埃里的普通人，内心可能也有过震撼的情感，但没有任何文字遗留，后人无法了解那些燃烧过的心灵。诗人的爱情就不一样了，他要以各种形式将那些绵密的深情和在爱情中尝受的甜蜜与痛苦留在文字里。无论过去多少年，那些多情的诗句还会在后世年轻的心灵里引发强烈的共鸣。

先看《碧城三首（其一）》：碧城十二曲阑干，犀辟尘埃玉辟寒。阆苑有书多附鹤，女床无树不栖鸾。星沉海底当窗见，雨过河源隔座看。若是晓珠明又定，一生长对水精盘。

首句写仙人居地，曲栏围护，云气缭绕。次句写仙女们服饰的珍贵华美。接着写仙女的日常生活，把仙女比作鸾鸟，说她们以鹤传书，表达私情。第三联暗写仙女们由暮至朝的幽会。"星沉海底"说明长夜将晓；雨脚能见，暗示晨曦已上。"河源"指天上银河。仙女住在天上，所以星沉雨过，当窗可见，隔座能看，如在目前。最后一联说，如果太阳明亮而且不动，永不降落，那将终无昏黑之时，仙女们只好一生清冷独居，无复幽会之乐了。幸好不是这样，清规自守的白天过去，还有那些星星闪亮的长夜给人以希望。

这是写天上的仙女还是写人间的女道士，是杜牧笔下"轻罗小扇扑流萤"的宫女，还是借女性暗写自己遭际？假如是写爱情，是回忆往事的写实，还是痴心暗恋时的幻想？

星沉海底当窗见，雨过河源隔座看。——不知道诗人的眼睛到底在哪里。这就是李商隐的魅力，迷离惝恍，虚实难测。好像有许多甜美热烈的回忆，又以极其清冷的形式出现。

越是难测，后世越是有许多人去解读其中奥妙。

再看《银河吹笙》：**怅望银河吹玉笙，楼寒院冷接平明。重衾幽梦他年断，别树羁雌昨夜惊。月榭故香因雨发，风帘残烛隔霜清。不须浪作缑山意，湘瑟秦箫自有情。**

如火的热情在诗人笔下永远是清冷的意象，这是李商隐让人着迷的地方。你看，高空的银河映入眼帘，一阵吹笙之声传来耳中，身上还感到黎明前的丝丝寒冷。也许因为笙声的触发，昔日情事又重现心头，而那美好的欢情已随爱人的远去，像一场幽梦永远破灭了。惆怅之余，诗人不由得转而念及窗外枝头惊啼通宵的雌鸟，莫非它也怀有跟自己一样的失侣之痛吗？忆念往事，从前与爱人相聚的故园台榭，就闪现在脑海里。园中那一树繁花，想来已被雨水滋润，霎时间，幻景消失，只剩眼前风帘飘拂，残烛摇曳映照帘外一片清霜。梦醒了，愁思怎遣散？追随骑鹤吹笙的王子乔学道修仙去吧，说不定能摆脱这日夜萦绕心头的世情牵累。还是学湘灵鼓瑟、秦女吹箫，守着这一段痴情自我吟味吧。

诗是以一个女道士口吻唱出的，她在梦中忆起他年往事，一场好梦却被树上单栖的雌鸟的哀啼声惊断，醒来看到月榭边残花经雨尚有幽香，风中残烛闪烁，映照窗外清辉，不禁感物伤怀，于是怅望银河，吹响玉笙，表达了有心追随湘妃、萧史以瑟箫寄意寻找伴侣的幽情。

这思凡的女道士是多么的悔恨啊！此诗当是李商隐设想对方

对自己的一片恋情。可惜，由于社会压力，李商隐的这段恋情，又是个无言的结局。

得遂所愿的爱情多半被生活的烟火熏成了油盐柴米的亲情；曾经深深爱过又无缘聚首的情感，总是像隐疾一样，在阴晦的日子里发作，让敏感的心灵在漫漫长夜里无法入眠。

不过，也有完全不同的理解。将这首诗演绎得最为离奇的是苏雪林。她的意思是：

宋华阳可能是宫女出身，绮年玉貌，消磨于凄凉寺院之中，每遇美景良辰，未免有情，道观中规则较严，诗人于极寂寞无聊中，只好想象她们在观中赏月的光景。

这些我们都能接受。她接着说：

诗人与所恋爱的女道士曾有失和之事。女道士厌弃诗人，不愿和他继续来往，或者别有所恋，为诗人所察觉，故诗人有微含醋意的要求。但女道士并不理会他，诗人自觉无聊。女道士既与诗人决裂，而诗人余情不断，尚不胜其眷恋之意。辗转反侧之际，回忆从前好梦，今已难寻，月榭余香，风帘残月，景物依然，而人则不知何处，更使多情诗人，惆怅不已。

女道士厌弃诗人，假装专心修道，不再牵系儿女之情，其实却和另一个道士在闹恋爱。诗人也知道她说的是一派假话，所以最后两句，用一种如恨如嘲的口吻劝她道：你何必假惺惺拿修道来骗我呢？恐怕你们湘瑟和秦箫早在那里唱和了！

这也真算是绝解了。更绝的是她还考证出义山的情敌是他少年时曾学道于河南王屋山的老同学，一个名叫永的道士……

李商隐的许多诗歌给人留下了无限丰富的想象空间，尽管我不接受苏雪林的诠释，但对于这些能引发无穷想象的诗歌本身，还是十分迷恋。

情感向来是因为无奈才深挚，特别是幽期密约之后的被疏远，更是让被冷落的一方难以为怀。因为拈酸带醋很没有风度，所以诗人要说得尽量婉曲隐晦。也许诗歌描述的真是一种情感的失落，也许暗示了仕途上的受伤，无论哪一种，这些最幽微的情感，只有有过类似经历的人才能揣测诗人的隐痛于万一。

这样想，宋华阳的形象就更加迷离莫辨了。

有的考证者责备李商隐在情感上不道德，有的学者则以唐代通脱潇洒的社会风气为诗人开脱。我看重的是情感本身的力量。这世间有用道德衡量的明亮的爱情，有得到许多人祝福的美好的爱情，但也有与道德无关的甚至被诅咒的爱情。在这些疼痛的爱情里，只有爱的深度和强烈让人叹惋。诗人才情出众却一直托身幕府，当他在中夜不寐感叹韶华不再时，那些降临到他生命里能给他安慰的聪慧女子，大大激发了诗人的想象力。他强烈而痛楚地爱过，也许只是单恋，也许那些女子在他的生活里只是蜻蜓点水一闪即逝，更多的是想象的恋情，是诗人丰厚的心灵和特殊的人生经历，让诗人不断回味反刍，那些惊鸿一瞥才变成了一个个永恒的形象。

他不够洒脱，甚至有些柔弱，一直到今天还有人在著述里批评他人格的缺陷。实际上，不必要求诗人成为道德上的楷模，我们要阅读的是他深婉幽曲的心灵，我对他爱的对象并无兴趣，我只是惊叹他爱的能力。

有杰出才华的人都倍加爱惜自己，他渴望有所作为而终于无所作为。他不像杜牧那样洒脱而风流自赏，不会"十年一觉扬州梦，赢得青楼薄幸名"。在朝代走向衰败的大背景下，无力补天的清醒者最为痛苦，那些留在他生命和诗歌里的女性，更多的是他生命的投射。所以，许多《无题》诗，不是他故意写得幽微隐晦，而是许多难以言说的失望和不死心的期盼让他一次次欲言又止。

诗人曾在《重过圣女祠》里写道："**一春梦雨常飘瓦，尽日灵风不满旗。**"如丝春雨，悄然飘洒在屋顶上，迷蒙飘忽，如梦似幻；阵阵灵风，轻轻吹拂着檐角的神旗，却始终未能使它高高飘扬。这位幽居独处的圣女，在爱情上有让人心酸的期待和希望，而这种期待和希望又总是像梦一样飘忽、渺茫。"尽日灵风不满旗"暗示一种好风不来的遗憾和无所依托的幽怨。诗人许多寄托身世之悲的诗歌，常常借梦一般的爱情期待和心灵叹息来表达。因此有的学者认为诗人是托圣女以自寓，有的则认为圣女和作者或许就是一体。其实，诗人的仕途不遇和圣女绝望的爱情，在忧愤和疼痛的体验上是完全相通的。

普通的生命有着安稳的职业和通俗幸福的爱情故事。那些有着超世之才的诗人，注定命运坎坷，情感上也多是"一寸相思一寸灰"。没有必要去追问他爱的是谁，让人痛心的是上苍给了他飞翔的本领，却不给他充足的空间，最后"虚负凌云万丈才，一生襟抱未曾开"。

李商隐作品入选语文版语文教材、读本的有《夜雨寄北》《无题》《锦瑟》，入选其他版本语文教材、读本的有《马嵬》《乐游原》《嫦娥》等。

苏轼 无可救药的乐天派

无论穷达，不忘兼济天下

宋仁宗庆历三年（1043），一个年仅 6 周岁、刚刚进入乡校读书的童子，从老师那里窥见一首《庆历圣德诗》，过目即成诵，令老师啧啧称奇。更可奇者，是他向老师询问诗中所颂韩琦、富弼、范仲淹、欧阳修等人的事迹。这些人都是当世的贤臣名士。老师以为不过是孩童的好奇心使然，便漫不经心地回答说："童子何用知之？"不料这童子反问："此天人耶，则不敢知；若亦人耳，何为其不可？"老师大惊，从此对这孩童刮目相看，着意栽培。

这个童子便是苏轼。

苏轼生于宋仁宗景祐三年（1036），距离北宋与辽订立"澶渊之盟"（1004）三十二年；卒于徽宗建中靖国元年（1101），距离金人征服北宋尚有二十五年。林语堂在《苏东坡传》中说：他是在北宋最好的皇帝（仁宗）年间长大，在一个心地善良但野心勃勃的皇帝（神宗）在位期间做官，在一个18岁的呆子（哲宗）荣登王位之时遭受贬谪。苏轼生活的六十多年间，正是北宋因朋党之争而衰微，终于导致国力耗竭的时段。凡是读《水浒传》的人都知道当时小人当政，政治腐败，善良的百姓躲避税吏贪官，相继身入绿林而落草为寇，成了梁山上的英雄好汉了。

不过在苏轼的童年时代，北宋的贫弱之象尚未显现。苏轼的故乡眉州位于号称"天府之国"的蜀中，民生富庶，素有好学雄辩之风。他的祖父苏序虽不识字，却有着豁达的性格和旺盛的生命力。他的叔父早早考中做官；父亲苏洵早年虽不甚读书，但天资聪颖，得了长子苏轼之后，发奋读书，终能文名大噪，与两个出色的儿子并称"三苏"，同登唐宋八大家之列。他的母亲出身世家望族，知书达理。苏洵赴京赶考、出门游历的时候，她在家中教育孩子。有一天，她教苏轼读《后汉书·范滂传》，苏轼问："我长大之后若做范滂这样的人，您愿不愿意？"她回答道："你若能做范滂，难道我不能做范滂的母亲吗？"

过人的天赋、良好的教育，以及日复一日的发奋努力，使苏轼很快具备了应试出仕的资质。

宋仁宗嘉祐元年（1056）秋天，苏轼和弟弟苏辙在父亲的陪同下赴京应试，兄弟二人均以优等得中。苏轼的应试文章《刑赏忠厚之至论》，以忠厚立论，援引古仁者施行刑赏以忠厚为本的范例，阐发了儒家的仁政思想。主考官欧阳修十分赏识，说："读轼书不觉汗出，快哉！老夫当避此人，放出一头地。"不过这里发生了一个很有意思的误会，苏轼这篇文章原本列于卷首，主考官欧阳修审核时，由于是匿名，他以为这篇文章是自己的学生曾巩写的，为了避嫌，刻意改为第二。嘉祐二年四月十四日，20岁的苏轼高中进士，在388人中几乎名列榜首，从此成为全国第一流的学者，文名扬于天下。

此后，苏轼又应制科考试，二十五篇策论"霆轰风飞，震伏天下"，仁宗授官后回去对皇后说："今天我给子孙选了两个太平宰相。"

初入仕途的十年，是苏轼春风得意的十年。这期间他曾授大理评事签书凤翔府节度判官厅事、大理寺丞、殿中寺除直使馆等职。直到宋神宗即位，任用王安石大刀阔斧进行变法。苏轼不同意王安石的激进做法，请求外调，开始了他人生的第一次低回。

他先任杭州通判，后任密州、徐州、湖州知州，前后历七年。元丰二年（1079），御史中丞李定、御史舒亶、何正臣等人专从苏轼诗中寻章摘句，罗织罪证，以"指斥乘舆""讪谤朝廷"罪将苏轼下狱。这就是赫赫有名的"乌台诗案"。苏轼被贬为黄州团练副使，历时四年，元丰七年（1084）又改贬汝州。

元丰八年（1085）哲宗即位，年幼，高太后垂帘听政，启用

《黄州寒食帖》

保守派人物司马光、吕公著等人。苏轼作为旧党，起用为登州太守，旋即被诏回朝，由起居舍人迁中书舍人，又迁翰林学士——连升三级，一时风光无限。但他对司马光等不问利害全盘废除新法的做法不能苟同，尖锐地提出反对意见。在朝四年，深为旧党腐朽官僚所忌恨。司马光死后，旧党分裂，人事矛盾加剧，苏轼在政治斗争中多次横遭构陷，请求外放。元祐四年（1089）出知杭州，元祐六年（1091）出知颖州，半年后又改知定州，"团团如磨牛"。

不过这还不是真正的人生谷底。元祐八年（1093），哲宗亲政，大肆改弦更张，再次起用新派进行变法。政治投机分子如章惇、吕惠卿、曾布、蔡京等人，以所谓新党面目出现，恣意报复元祐旧臣。苏轼本来屡受元祐旧党的疑忌和排挤，此时又被作为旧党要员加以打击，连连被贬，由惠州而琼州，直至海南蛮荒之地儋耳。

然而无论穷达显隐，苏轼从未忘记少年时即树立的兼济天下的志向。每到一处，他都深入下层，了解民情，征询疾苦，因法便民。对朝廷则直言正议，指陈得失。在杭州任上，他亲自检查堤岸，巡视富阳、新城、于潜等县。知密州，他一入境便发现官吏隐瞒蝗旱灾情，请求朝廷减免赋税，组织百姓生产救灾，自己带头以杞菊为粮，自救度荒。知徐州遇黄河决堤，他"庐于城上，过家不入"，指挥军民冒雨抢修堤坝，鏖战七十余日，保住了徐州。第二次外任杭州，他组织以工代赈，开浚西湖，建筑长堤，清除淤泥，植柳种荷，成就了闻名天下的西湖美景。他为杭州、广州兴办水利，建立孤儿院和医院，创监狱医师制度，严禁杀婴。无怪乎林语堂总结说："在王安石新法的社会改革所留下的恶果遗患中，他只手全力从事救济饥荒，不惜向掣肘刁难的官场抗争。他是具有现代精神的古人。”

走遍人间，依旧躬耕

人们喜欢苏东坡，并不仅仅因为他是一个正直有为的官吏，还因为他始终将人民的疾苦放在心上，又表现得那么自然质朴，充满火一样的热情。

在凤翔，遇天旱无雨，他为求雨而虔诚祈祷。终于迎来了连下三日的大雨，解了旱灾，欢声遍野。然而最快乐的是苏轼，他甚至把后花园的亭子改名为“喜雨亭”，在亭子里举酒宴客，问客人说：“五天不下雨会怎样?”客人说：“五天不下雨，麦子就会歉收。”又问：“十天不下雨呢?”客人说：“十天不下雨，稻子就会歉收。”他说：“无麦无禾，岁且荐饥，狱讼繁兴而盗贼滋炽。则吾与二三子虽欲优游以乐于此亭，其可得耶?”真心地将自己的优游之乐与百姓的丰收平安联系在一起。

在密州，苏轼修造盖公堂，作《盖公堂记》，以医药比喻治国之道，提倡与民休息，为政宽仁。熙宁七年（1074），密州蝗旱灾情严重，苏轼带头采杞菊为食，与百姓共渡难关。在《后杞菊赋》里，他这样说道：“人生一世，如屈伸肘。何者为贫？何者为富？何者为美？何者为陋？或糠核而瓠肥，或粱肉而黑瘦。何侯方丈，庾郎三九。较丰约于梦寐，卒同归于一朽。吾方以杞为粮，以菊为糗。春食苗，夏食叶，秋食花实而冬食根，庶几乎西河、南阳之寿。”苦中作乐，颇有谐趣，展现了不羁心于外物、不戚戚于贫困的豁达心胸。

苏轼坎坷仕途的开端，始于反对王安石新法。反对新法的最重要的理由，恰是他看到了激进的新法对民生的危害。王安石身居相位推行新法时，32岁的苏轼任职史馆，官卑职小，却连上两次奏折，雄辩滔滔，直言无隐，告诫皇上千万不可凭借权力压制人民，他高呼："百姓足，君孰与不足？"他质问："臣不知陛下所谓富者富民欤？抑富国欤？"他一针见血地指出："今天下以为利，陛下以为义；天下以为贪，陛下以为廉：不胜其纷纭也。"他警告皇帝："人主之所恃者，人心而已。人心之于人主也，如木之有根，如灯之有膏，如鱼之有水，如农夫之有田，如商贾之有财。木无根则槁，灯无膏则灭，鱼无水则死，农无田则饥，商贾无财则贫，人主失人心则亡。"在这洋洋万言的上书中，我们看到了孟子"民贵君轻"思想的传承，看到了至大至刚的"浩然之气"。

激怒当权派，一再被罢黜、被贬谪的坎坷路途中，苏轼始终保有他的质朴与仁心。他看到佛寺中的祷告文句"咒诅诸毒药，愿借观音力。存心害人者，自己遭毒毙"，大叫荒唐，提笔改为"害人与对方，两家都无事"。他在歌咏"春入深山处处花"时，不忘关心农民的食粮："老翁七十自腰镰，惭愧春山笋蕨甜。岂是闻韶解忘味，迩来三月食无盐。"他甚至亲自躬耕于田，津津乐道种稻之趣："分秧及初夏，渐喜风叶举。月明看露上，一一珠垂缕。秋来霜穗重，颠倒相撑拄。"他细细品尝自种的五谷的馨香："我久食官仓，红腐等泥土。行当知此味，口腹吾已许。"他感念农夫的教导："农夫告我言，勿使苗叶昌。君欲富饼饵，要须纵牛羊。再拜谢苦言，得饱不敢忘。"他已然化身为地地道道的农夫，他的关心不再有半点居高临下之意。

林语堂说苏轼是火命，一生不是治水，就是救旱。不管身在何处，不是忧愁全城镇的用水，就是担心运河和水井的开凿。他一生都精力旺盛。他的气质，他的生活，犹如跳动飞舞的火焰，不管到何处，都能给人生命的温暖。

快意自适，一蓑烟雨任平生

屈原在曲折的人生经历中坚持"虽九死其犹未悔"的理想，以"自沉汨罗"表达了他的忠诚与殷切；苏东坡则于宦海沉浮中，在保持赤子之心的同时，借助庄子的智慧和自身的悟性，学会了自我开解。因此林语堂说：苏东坡是个秉性难改的乐天派，是悲天悯人的道德家，是黎民百姓的好朋友，是散文作家，是新派画家，是伟大的书法家，是酿酒的实验者，是工程师，是假道学的反对派，是瑜伽术的修炼者，是佛教徒，是士大夫，是皇帝的秘书，是饮酒成癖者，是心肠慈悲的法官，是政治上的坚持己见者，是月下的漫步者，是诗人，是生性诙谐爱开玩笑的人。

这种个性影响了不少后世在政治风波中遭遇不测的人。他

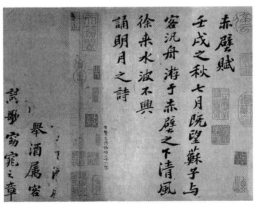

《前赤壁赋》（局部）

们很少选择像屈原一样决绝地离去，转而模仿苏东坡。他们不可能像苏东坡那样凭借绝世的才华在不同的境遇中都能淡定欣然，却也多多少少在不幸和坎坷中学会了"转移视线"。

苏东坡不能吉人天相，逢凶化吉，却总能在荆棘丛中蹑迹披求，绝处逢生。你看他的《记承天寺夜游》，看他的前后《赤壁赋》，包括那首尽人皆知的"大江东去"，他在有限中发现无限，在"多情应笑我"的自嘲中解脱，在"清风明月"中把握住永恒。相反，在众人看似沉重的地方，他又能巧妙化解，将"宏大"化为"渺小"，他的案头和心头不乏这样的名句：

譬如《战国策》中的"晚食以当肉，安步以当车"；

譬如前朝诗人白居易的"蜗牛角上争何事，石火光中寄此身。随富随贫且欢乐，不开口笑是痴人"。

所以，他说："江山风月，本无常主，闲者便是主人。""纵横忧患满人间，颇怪先生日日闲。"

需要指出的是，苏东坡的自我开解是建立在勤恳务实为民请命的基础上，不是清谈；苏东坡的豁达自适是建立在数不清的诗文基础上，是历经痛苦后的天才分泌，不是傻呵呵的所谓"乐天派"。简单地说，命运放逐了他，他最大的本领是"黄连树下弹琴"，他在一点一滴的政务工作和日常生活包括写作中，发现和创造了生活的意义。当别人长吁短叹，感慨时运不济时，哪怕是最庸常的饮食中，他也能发现快乐。譬如以他名字命名的"东坡肉"。

苏东坡自己善于做菜，也乐意自己做菜吃。据记载，苏东坡认为在黄州猪肉极贱，可惜"富者不肯吃，贫者不解煮"，他颇引为憾事。他告诉人一个炖猪肉的方法，极为简单。就是用很少的水煮开之后，用文火炖上数小时，再放上酱油。

他做鱼的方法亦为笔者所推崇和效仿：先选一条鲤鱼，清水洗净，抹上点盐，里面塞上白菜心，然后放在煎锅里，放几根小葱白，不用翻动，一直煎，半熟时，放几片生姜，再浇上一点料酒。快熟时，放上几片橘子皮，这样就没有了鱼腥气而有橘子的清香。

一个处江湖之远的诗人还心存魏阙，表明他志趣高尚，但成天心忧黎民而面容憔悴，不如在一粥一饭中重新找回生命的意义。这是苏东坡给后人众多启示中很重要的一条。

林语堂说："苏东坡在中国是重要的诗人和散文家，而且他也是第一流的画家、书家，善谈吐，游踪甚广。天生聪慧，对佛理一融即通，因此，常与僧人往还，他也是第一个将佛理入诗的。他曾猜测月亮上的黑斑是山的阴影。他在中国绘画上创出了新门派，那就是文人画。他也曾开凿湖泊河道，治水筑堤。他自己寻找草药，在中国医学上他也是公认的权威。他也涉猎炼丹术，直到临去世之前，他还对寻求长生不死之药颇感兴趣。"

至于饮酒，那更是生活的常态：

> 夜饮东坡醒复醉，归来仿佛三更。家童鼻息已雷鸣。敲门都不应，倚杖听江声。

他醉而复醒，醒而复醉回家时，家童沉沉睡去，敲门不应，这是连贾宝玉也要生气踹人的事，苏东坡一点儿也不生气，他连这样的生活细节也不放过：那就挂着拐杖听一会浩荡的江声吧。在绵绵不绝的江水声浪中，他又有了新的发现：

> 长恨此身非我有，何时忘却营营。夜阑风静縠纹平。小舟从此逝，江海寄余生。

他像顽童一样想攫取宇宙间的奥秘，在不知疲倦的追逐中，大限来了，他轻轻放开手，一笑而逝。

苏轼作品入选语文版语文教材、读本的有《惠崇春江晚景》《题西林壁》《饮湖上初晴后雨》《六月二十七日望湖楼醉书》《记承天寺夜游》《浣溪沙》《水调歌头》《江城子·密州出猎》《念奴娇·赤壁怀古》《赤壁赋》《后赤壁赋》《放鹤亭记》《留侯论》，入选其他版本语文教材、读本的有《石钟山记》。

纳兰性德 未必哀伤，只是深情

　　流行的文字将纳兰性德打造成一个柔弱的多情公子，一句"人生若只如初见"让一些初识之无的小女生还没看清内容就晕过去了。各种版本的传记也是风花雪月得不着边际，传记作者以多情的文字、贫瘠的想象来雕琢这位其实属于雄伟领域的人物。请看一些论文的题目："一宵冷雨葬诗魂""满纸悲愁之音，吟唱断肠愁曲""经声佛火两凄迷"……还有这样半通不通的售书广告："本书是纳兰性德研究的'里程碑之作'，资深纳兰迷的终极典藏……他信手的一阕词就波澜过你我的一个世界，可以催漫天的焰火盛开，可以催漫山的荼蘼谢尽。"——一本通俗传记如何说得上是研究的里程碑？纳兰性德任人宰割，关于他的故事变成了流行读物，却极少有人去读他的词作。本文篇幅有限，不能展开铺叙，也绝不是"里程碑之作"，只力求真实、质朴地勾勒纳兰平生。

显 赫 家 世

纳兰性德生于钟鸣鼎食之家，军功显赫之族。纳兰性德始祖是蒙古人，后建立叶赫部，与女真部互相讨伐，最后被女真部首领爱新觉罗·努尔哈赤建立的后金吞并。纳兰性德的祖父名叫尼雅哈，在努尔哈赤率军攻灭叶赫部时投降金国，被迁往建州，隶正黄旗满洲。努尔哈赤及其继承人皇太极、摄政王多尔衮，始终对尼雅哈存有戒心，害怕他们家族东山再起，于是对其加以控制。尼雅哈虽然忠心耿耿，屡立战功，但未得到任何升迁。顺治三年（1646）尼雅哈病卒，其长子按照惯例承袭世职，而未予任何提拔。明珠是尼雅哈的另一个儿子，纳兰家族的振兴靠的是明珠。

明珠的岳父是努尔哈赤的第十二子，很得努尔哈赤喜欢，他自幼随父兄征战，战功显赫，但少谋略且居功自傲，后被赐死。因此，明珠的仕途亨通与这位岳父没有太大的关系。他的真正发达源于自己的机敏睿智，善于揣摩和迎合上级意图。康熙即位后，明珠受命重建内务府，他吸取前朝教训，抑制宦官品级，规定宦官不得干预军国政事。当时既要对内务府进行机构改革，又要承办宫廷事务，但他样样做得井井有条，显露了过人的才干。不久他被任命为内务府总管。明珠担任这一职务，使他有机会接近包括皇帝在内的皇室要人，还有一言九鼎的太皇太后。他善于体察和迎合这些人的意图，处处受到赏识。

更聪明的是，他对当时发生的鳌拜、苏克萨哈之争表现得十分超脱，不陷入任何一方的羁绊。后来，苏克萨哈被处绞刑，康熙又从鳌拜手中夺回政权，鳌、苏两败俱伤，而明珠则由皇室内务府总管转向朝政中枢机构内弘文院任职。在此期间，他参与修治黄河、制定历法等。还有一件事值得大书特书：

郑成功驱逐荷兰殖民者收复台湾，乃一大壮举，但郑成功逝世后，其子郑经继立，与清朝对抗。康熙派人招抚，没有成功。后来康熙帝派明珠与接洽和谈之事，明珠主持了与郑经的和议，为最后以和平方式解决台湾问题发挥了重要作用。明珠以刑部尚书的身份承办不属于刑部所管的重大事务，说明了康熙对他的倚重。

康熙十六年（1677）七月，明珠被任命为内阁大学士，职责是"佐天子，理机务，得不时召见"，常在皇帝左右充当顾问，处理章奏。

明珠替康熙起草的文件，康熙看完总是说好。有一次，康熙帝由北京卧佛寺至碧云寺，对正护驾的明珠等说："我看古代帝王中，唐太宗听言魏徵纳谏，君臣上下如家人父子，情谊深厚，所以能达到美好的境地。明朝晚年君臣阻隔，以致四方疾苦无法上传。我太祖、太宗、世祖以来，满汉文武，皆为一体。我想着与天下贤才共图治理，常以家人父子之意相待。"明珠立即回答说："皇上事事上追圣帝，勤于政事，亲理万机。我等臣下侍候左右，未尝不以天下为念。"这些对话，显示了康熙对明珠的信赖，也表明了两人关系十分融洽。——君臣默契如此，在两千年中国封建史上也是不多的美谈。

明珠为人，机巧灵敏，工于心计，一般是不肯违背康熙帝意旨办事的，这当中自然也有不少违心之处。在担任内阁大学士期间，除了招降郑氏，明珠还参与或主持了反击沙俄，改善满汉关系，减免赋税等活动。

康熙既有文韬武略，又善于驾驭臣下。他的一贯作风是当某一大臣及其派系势力强大时，他就去扶植与之对立的派系，以保持权势的均衡，利于自己操纵。鳌拜得意时，他扶植索额图；索额图飞扬跋扈，他支持明珠。明珠权倾朝野，并且干预他对皇太子的培养，他自然不能容忍，终于从水利兴修的事情上找了个借口，在康熙二十七年（1688）罢了他的官。

康熙说明珠是"凤阁清才，鸾台雅望"。明珠一生，精明强干，辅佐康熙在缓和满汉民族矛盾，消除割据势力，抵御沙俄侵扰，促进满汉文化交流等方面都做出了很大贡献，为"康乾盛世"打下了坚实的基础。

罢官之后，康熙又任命他为议政大臣，但未再全面主持一个部门的工作。二十年后，康熙四十七年（1708），74 岁的明珠辞世。

纳兰性德是"千古伤心人"吗？

纳兰性德生于顺治十一年（1654）腊月十二日，卒于康熙二十四年（1685）五月三十日，在尘世，只逗留了短促的三十年时间。他去世时父亲明珠 51 岁，尚未罢官。

纳兰为女真语，义为"太阳"，是满洲八大姓之一。纳兰性德原名纳兰成德，21 岁时，康熙所立的皇太子名保成，为避讳改名为纳兰性德；字容若，号楞伽山人。在书信和印章中又署长白山人等，以示自己为满洲旧族。

他担任康熙近侍，在满汉文化交流和民族团结上做出了杰出的贡献，更让世人无限称羡的是他委婉动人的诗词。在学问上，他被梁启超誉为"清初学人第一"；在诗词创作上，王国维称颂他"北宋以来一人而已"。评价不可谓不高。31 岁生命能有如许成就，我们一方面哀怜苍天不对他假以时日；另一方面又觉得他体会了别人几辈子也体会不了的丰富烂漫，尘世的岁月虽短，也够了。

纳兰性德 18 岁乡试中举人，22 岁时殿试考中二甲第七名，被康熙帝授为三等侍卫。后依次晋升二等、一等，终生充任武装侍从，绝大部分时在康熙身边执事当差。

父亲是当朝宰辅，自己进士出身年少得志。身为皇帝的一等侍卫，他也说自己"日睹龙颜之近，时亲天语之温，臣子光荣，于斯至矣"。可是我们看他的《纳兰词》，感受的却是凄凉哀婉，满纸悲怨，愁肠百结，无可奈何。有人统计，在纳兰性德现存的300 多首词里，"愁"字出现 90 次，"泪"字用了 65 次，"恨"字用了 39 次，"断肠""伤心""惆怅""憔悴""凄凉"等触目皆是。

在我们的记忆里，那些仕途坎坷、沉沦下僚者常出现牢骚满纸的状态，所谓文章憎命达，愤怒出诗人；仕宦显达而有缠绵忧伤之作的作家则很少，不过也有，如晏殊。这种人大概属于天生的敏感，心灵曲致，对生命的感悟比常人丰富复杂。

是什么原因使得纳兰性德"缠绵抒情……工愁善怨，哀感顽艳"呢？有人这样阐释："先生貂珥朱轮……其词则哀怨骚屑，类憔悴失职者之所为。盖其三生慧业，不耐浮尘，寄思无端，抑郁不释……年之不永，即兆于斯。"也有人说他"姿本神仙，虽无妨于富贵，而身游廊庙，恒自托于江湖"，还有人说他是"李重光（李煜）后身"。凡此种种，都是寓夸奖于感慨悲叹，恨苍天薄待了他。

也有人从他的家世背景和从小所受教育出发，研究他的思想是如何三教合流，满汉文化交融的。这当然没有错，但是，为什么纳兰性德给人的是永远哀伤的印象呢？

其实把纳兰性德塑造成千古伤心人未必不是误解和曲解。词本是闲情逸致，不像"诗言志""文载道"。"词缘情"本来是常识，一个人的词作未必能体现生命的主旋律，纳兰性德有不少其他作品，因为不像词作流传之广，大众一般不会对名人的专业和思想感兴趣，而好窥伺名人的隐私和情感领域，因此放大词作的内涵，加上酸文假醋的小文人的推波助澜，纳兰性德遂被塑造成了"千古伤心人"。

纳兰性德年少聪明，在众多汉族知识分子纷纷落榜时脱颖而出，说明他不仅在满族，即使置身于汉族之中，也非等闲之辈。康熙时的蒲松龄就屡试不第，纳兰性德18岁即考中举人。当时满族青年多以披坚执锐，战场立功为荣，汉族士人则以读书应试为出仕做官的正途。纳兰性德出身满洲贵族，既善骑射，又科场得意，兼有满汉之人的特长。更幸运的是他遇到了名师徐乾学。（1631—1694，顾炎武外甥，康熙九年进士第三，后任刑部尚书。曾主持编修《明史》等，家有中国藏书史上著名的藏书楼之一——传是楼）

纳兰性德在《上座主徐健庵先生书》中说："师者，以学术为吾师也，以文章为吾师也，以道德为吾师也。"他鄙薄有师之名而无师之实的"师"，推崇的是学术、文章、道德上的先导者。康熙十五年（1676），朝廷认为"虽文武并用，然八旗子弟，尤以武备为急，恐专心习文，以致武备废弛"，遂停止了旗下子弟的考试，直到康熙二十六年（1687）才恢复满人的考试。但纳兰性德不管这些，他向徐乾学表示，对宋元诸家经解，

纳兰性德手迹

"某当晓夜穷研，以副明训。其余诸书，尚望次第以授"。这种不畏困难的钻研精神，绝不是词作中的纤弱形象所能概括的。

就算是词作，也并非一般人想象的风流恻艳。纳兰性德早期的词集名《侧帽词》。所谓侧帽，就是歪戴着帽子，这个形象不是很好，可以说风流也可以说轻浮。有人认为这句话出自晏殊的《清平乐》，而纳兰性德本来就喜欢晏殊的词，因此认为"侧帽"代表一段风流态度。其实晏殊这句词也是用典，援引的是后周独孤信的故事。《周书·独孤信传》："信在秦州，尝因猎，日暮，驰马入城，其帽微侧。"独孤信先世为匈奴人，善骑射，多谋略，西魏首位君王宇文泰授予他尚书令等要职。纳兰性德为其词集取名"侧帽"，表明他仰慕独孤信以北方少数民族的身份为中原人办实事的精神。纳兰性德后来又将《侧帽词》更名为《饮水词》，这也是流传至今的纳兰词集。

其实除了词作外，他还有不少作品值得评说，如四卷本《渌水亭杂识》，后来连同赋一卷，诗四卷，词四卷，经解序跋三卷等，汇编成《通志堂集》，在作者身后刊行。1979 年，上海古籍出版社再版，2008 年华东师范大学出版社分上下两册印行，还推出了 100 套毛边本。一般人都知道顾炎武的《日知录》，《渌水亭杂识》比不上《日知录》，但是，顾炎武"博学于文"的主张和"明道""救世"的著作宗旨对纳兰性德影响深远。顾炎武生当明清易代之际，学识渊博，思想深邃，始终不与满族统治者合作，20 岁左右的满洲青年纳兰性德自然无法和他接触，不过通过顾炎武的外甥——徐乾学，纳兰性德得窥顾炎武的治学门径。

以《日知录》为典范写作《渌水亭杂识》，是纳兰性德学习汉文化的历史记录。对历史人物和事件的评论是本书的主要内容，纳兰性德评论历史，寻求治国经验，提醒统治者注意罗致人才；尽可能消解满汉矛盾；倡导忠君尽节，赞扬大度容人；建议当权者根据历史上的经验教训调整政策。值得一提的是本书还介绍了外国科学技术，如欧洲人的汲水机械等，纳兰性德对西方的天文、历法也有浓厚兴趣，花了不少篇幅介绍。

纳兰性德出身豪门，才华出众，功名轻取，伴随君王，这是他的得意处，也是世俗之人艳羡的地方；爱妻早亡，旧梦难圆，朋友星散，是让人哀叹的地方；内心放浪不羁，工作严谨刻板，得亲天颜的幸运与高处不胜寒的紧张，这些矛盾纠结在一起，加之旧疾复发，英年辞世，也是情理之中事，未必如流行小说描摹的那样为情所伤。

还有人说，按照纳兰性德的才能和爱好，本应在翰林院继续深造，但康熙仅凭自己兴致就轻易地改变了纳兰性德的生活道路。因为皇帝侍卫活动的范围和时间受到严格限制，一意逢迎还难免疏误，稍有闪失即遭黜落，这种用非其志给纳兰性德带来了无穷的烦恼。——这些猜测看上去有些道理，其实经不起推敲。就算到翰林院深造，最后还是要报效朝廷的，古来哪个读书人不是抱着"学成文武艺，货与帝王家"的理想呢？皇帝钦点你来当侍卫是怎样的良机，还感叹不自由，只能说是得了便宜还卖乖，穷措大才把这些牢骚话当真！

　　皇帝围猎时，纳兰性德先勘察地形，做好一切准备工作，打猎时护驾左右，这绝不是一个诌几句酸曲的文人所能为。也许这些工作的确让一个内心向往自由的人偶尔失落，但是，纳兰性德又岂是贪图清闲的人呢？皇帝的围猎是习武练兵，可不是打高尔夫，就算是放松闹着玩的，驰骋奔突之间，皇帝既然如此倚重他，他又是当朝宰辅明珠之子，两人自然有不少说话的机会，纳兰性德也有显示杰出才华的机会。这是极为难得的君臣相得。如果把一等侍卫这份工作看作是纳兰性德不痛快的原因，真是书生腐见了。

　　他有诗句"还将妙写簪花手，却向雕鞍试臂鹰"（《塞垣却寄》），这是一种自得啊！有人却据此认为，"将善于写作的头脑都卖给了皇帝，从而受到无形却很严酷的拘禁……身心断裂的痛苦，不能不使他的作品充斥愁云惨雾，字里行间散发出悲凉凄迷之气"。——只有那些精神和肉体同样孱弱的人才会这样想吧，文能做词，武能射雕，多么畅适的人生！纳兰性德自幼习练骑射，"上马驰猎，拓弓作霹雳声，无不中"；另一方面，他"据鞍占诗，应诏立就"。至于说到"将善于写作的头脑都卖给了皇帝"，更是无稽之谈。头脑永远是自己的，如果你有头脑；猪脑子卖给皇帝，皇帝还不要呢。这是大气魄的词人在驰骋之际的豪情，怎么在酸文人笔下就成了愁云惨雾呢。

有人说他的忧伤是经常伴随皇帝出行耽误写作。——天哪，真有想象力。

还有人说他的忧伤是因为其父长期处在政治的风口浪尖上。——这也太小看纳兰性德了，也不看人家什么出身，对他们家而言，这种事乃家常事。

纳兰性德的出身和学养，经历和成就，以及他在同一类群人中的领头作用，给他带来了足够的成就和声誉，这是想有所作为的人快乐幸福的重要因素。顾贞观说纳兰性德"欲尽招海内诗人，毕出其奇"。纳兰性德以其特殊的政治地位和出色的创作实绩，成为渌水亭文人雅集的盟主，吸引了不同民族、不同家庭出身的诗人。他和顾贞观、朱彝尊、梁佩兰等这些名重一时的大诗人、大学问家结为师友，且利用自己特殊的地位暗中关照他们，友谊深挚，意气相投，诗文酬唱，这至少也是纳兰性德诗意人生的欢乐之一吧。据说他们雅聚的时候，连侍立一旁的侍女也能脱口吟诗："一杯一杯又一杯，主人醉倒玉山颓。主人大醉卷帘起，招入青山把客陪。"

至于词作中的感伤，有的是源于他的丰富曲致，有的不过是一种词作表达上的习惯，有的甚至只是一种应酬话语，不必当真。至于泪呀愁呀什么的，你看哪一本宋词不是这样！

当然，我们不否认一个作家的创作个性，以及创作个性与情感经历的关系。只是不要无端放大。为此，我们先看看他的女性情缘。

纳兰性德手迹

生命中的几位女性

纳兰性德有第一任妻子卢氏，第二任妻子官氏，小妾颜氏。颜氏娘家地位卑微，已难以考证。

卢氏的父亲卢兴祖是清朝入关后培养的第一代文化人。顺治十四年（1657），卢兴祖升任大理寺少卿，参与掌管天下刑狱，后出任两广总督，不久在党争中被革职。回京后，卢家并未完全失势，儿子卢腾龙仍在京城担任要职。

纳兰性德在思亲、悼亡的作品中提到谢家、谢娘，实际上指的就是卢氏。谢家本指谢灵运家，自晋代以来谢家是富贵之家的代称。如"自是多情便多絮，随风直到谢娘家"（《柳枝词》），"谢家庭院残更立"（《采桑子》）等，暗指卢氏和卢氏家族。

纳兰性德在卢氏亡后，继以官氏为妻。官氏的"官"，并非汉族姓，而是满族"官尔佳氏"的汉译，又译作"关"。官氏家族是权势赫赫的显贵世家。官氏自幼娇生惯养，和纳兰性德感情不是十分融洽。但她的娘家人权重势盛，官氏的父亲和伯父都是纳兰性德的上司，官氏的堂兄弟又是纳兰性德的同事。

纳兰性德除了有婚恋关系的女性卢氏、官氏和颜氏外，还有一位婚前情侣，后来因入宫而天各一方。此事真假尚难说定，不过读纳兰性德那些表现不能遂愿的爱情和爱情失败后无限煎熬的诗词，须先了解他词作中属意的对象。纳兰性德是重情之人，但并非如一般传记所言，只对卢氏一人钟情。

下面这些词作，一般认为是写给那个初恋情人的。

纤月黄昏庭院，语密翻教醉浅。知否那人心，旧恨新欢相半。谁见？谁见？珊枕泪痕红泫。（《如梦令》）

紫玉钗斜灯背影，红绵粉冷枕函偏。相看好处却无言。（《浣溪沙》）

嫩寒无赖罗衣薄，休傍阑干角。最愁人，灯欲落，雁还飞。（《酒泉子》）

怜伊太冷，添个纸窗疏竹影，记取相思，环佩归来月下时。（《减字木兰花》）

有人据此认为，这种亲昵关系只能发生在主人和小丫头之间，从而认定根本不存在入宫一说，据考证，这个女孩子后来当了道姑。

这些都不重要。我想说的是，那个写"谁念西风独自凉，萧萧黄叶闭疏窗。沉思往事立残阳。被酒莫惊春睡重，赌书消得泼茶香。当时只道是寻常"的人，有过更为复杂宽广的情感遭遇。不少传记写纳兰性德深情款款，与卢氏夫人无比恩爱，这没错，但进而认为纳兰性德的早逝源于妻子的早逝，就有点一厢情愿了。

一个优秀的男子存在世间，首先必须有高尚的志趣和可供奉献的事业，自然也需要深沉甜蜜的感情与温柔旖旎的伴侣。纳兰性德不是沉溺个人情感的普通人，他如果足够长寿，也许还有更多的情感故事，但与卢氏的情感佳话可能就没有如今这样被人艳羡。我们不必放大他与卢氏的情感，也不必拿他与其他女子的深挚恋情来质疑他与卢氏的爱情。

纳兰性德在婚前有与所谓的"入宫女子"的恋情，《饮水词》里多有记载，不要误解为写给卢氏夫人的；卢氏夫人去世以后，续弦官氏，由于感情不睦，他在婚外另有情人——江南才女、清初词人沈宛。

一个是多愁多病的身，一个是倾国倾城的貌，在顾贞观的引见下，两人一见钟情。本来以纳兰性德的身份，三妻四妾不是难事，但是当时严禁满汉通婚，不得已分开，纳兰性德以沈宛的口气，留下了那首大家最为熟悉的词作《木兰花令·拟古决绝词》：

　　人生若只如初见，何事秋风悲画扇？等闲变却故人心，却道故人心易变！

　　骊山语罢清宵半，泪雨零铃终不怨。何如薄幸锦衣郎，比翼连枝当日愿。

纳兰性德在词作中反复表达了内心的愧悔，如"人到情多情转薄，而今真个悔多情""而今才道当时错，心绪凄迷，红泪偷垂。满眼春风百事非""薄情转是多情累，曲曲柔肠碎"等。

纳兰性德只活了 31 岁，是个深情之人，但他的早逝未必是因为用情太深。也许，体质不佳才是最主要的原因。

纳兰性德并非用情不专之人，更非拘泥刻板之人。与女性交往，留有缱绻缠绵的词作；与男性交往，更能看出大丈夫的一面。

深挚的友谊

在纳兰性德的交往圈里，最值得一说的是顾贞观。顾贞观（1637—1714），号梁汾，无锡人，明末东林党人顾宪成四世孙。康熙五年（1666）举人，康熙二十三年（1684）致仕，读书终老。与陈维嵩、朱彝尊并称明末清初"词家三绝"。

康熙十五年（1676）十二月，顾贞观向纳兰性德提出拯救难友吴兆骞的要求。吴兆骞字汉槎，苏州吴江人。少年时即才华横溢，后成为江南文人社团"慎交社"的主要人物。但他恃才傲物，不晓人情世故，曾在与同郡作家散步时说"江东无我，卿当独步"。

顺治十四年（1675），因牵涉到科场舞弊案，吴兆骞等被流放宁古塔（今黑龙江省宁安县）。宁古塔环境十分恶劣，流放者很少能活着回来。

不幸的遭遇和苦难的生活成就了吴兆骞，他在逆境中写的诗歌深沉凝重，成为清初著名诗人。吴兆骞在被流放的苦难逆境中写作的诗歌编为《秋笳集》，描写了东北壮丽景色和怀乡之情。他以苏武自喻，生子名叫苏还，希望有生之年能够返回故乡。顾贞观与纳兰性德成为知交后，向纳兰性德提出营救吴兆骞的请求。纳兰性德欣赏吴兆骞，但他深知政治斗争的复杂性，有所犹豫而"未即许"。纳兰性德办事认真，一时办不到的不轻易许诺。在纳兰性德迟疑的时候，顾贞观给吴兆骞写了两首《金缕曲》，下面是其中的一首：

季子平安否？便归来，平生万事，那堪回首！行路悠悠谁慰藉，母老家贫子幼。记不起，从前杯酒。魑魅搏人应见惯，总输他、覆雨翻云手。冰与雪，周旋久。

泪痕莫滴牛衣透，数天涯，依然骨肉，几家能够？比似红颜多命薄，更不如今还有。只绝塞，苦寒难受。廿载包胥承一诺，盼乌头、马角终相救。置此札，兄怀袖。

两阕《金缕曲》，对患难之友叮咛告诫，无一字不从肺腑中流出。这种忠贞生死之谊，至情之作，缠绵恳切，感人极深，所以被人传诵为"赎命词"，成为清词中的压卷之作。顾贞观一心希望通过纳兰性德，借助其父明珠的权力拯救吴兆骞，于是将《金缕曲》呈送纳兰性德。纳兰看了如此赤诚文字，也深受感动，禁不住泣下数行，他说："河梁生别之诗（指李陵《与苏武诗》），山阳死友之传（向秀《思旧赋》），得此而三矣。此事三千六百日中，弟当以身任之，不候兄再嘱也。"纳兰慨然答应营救吴兆骞回归，以十年为期，是考虑到办成此事非常困难。

根据清廷的政策，流放宁古塔的江南汉人，就是灵柩归葬，也阻力重重。若要生还，谈何容易。纳兰性德被顾贞观对朋友的深情感动，也写了《金缕曲》：

洒尽无端泪，莫因他、琼楼寂寞，误来人世。信道痴儿多厚福，谁遣偏生明慧。莫更著、浮名相累。仕宦何妨如断梗，只那将、声影供群吠。天欲问，且休矣。

情深我自拼憔悴。转叮咛、香怜易蓺，玉怜轻碎。美杀软红尘里客，一味醉生梦死。歌与哭、任猜何意。绝塞生还吴季子，算眼前、此外皆闲事。知我者，梁汾耳。

上阕安慰顾贞观休为宦海浮沉而忧心，下阕是嘱托顾贞观转告吴兆骞要善自珍重，坚定明确地表示自己要营救他的决心，全词全是在为友人着想，足见纳兰光明磊落。

"绝塞生还吴季子，算眼前，此外皆闲事"——除了营救吴兆骞，其他事情都可以弃置不管，这是何等气魄！纳兰性德虽然能接近皇帝，却并无多少权力，便向父亲明珠说明了情况，希望父亲伸出援助之手。

明珠也爱惜吴兆骞之才，答应出面营救。吴兆骞在东北利用康熙帝派遣侍臣祭祀长白山的机会，作了篇《长白山赋》，托侍臣献给康熙，据说连康熙读了也为之动容。康熙认识到，清廷要长治久安，必须争取汉人，特别是江南知识分子的支持，于是在"劫灰已尽"之后"党禁初宽"，在政策逐步放松时，吴兆骞终于回到了北京。纳兰性德和吴兆骞的朋友们"抱头执手，为悲喜交集者久之"。名流纷纷赋诗祝贺，引起了小小的轰动。

纳兰性德为彻底营救吴兆骞，干脆把吴兆骞及其妻子儿女接到自己家中。两人"侵晨弄墨，笔彩潜飞；半夜弹棋，灯花碎落"。吴兆骞执教于明珠府第，教纳兰之弟读书。后来纳兰性德的这位弟弟"所学不但超出满洲之中，即汉人中亦少"。

康熙二十三年（1684），吴兆骞因腹疾病逝于北京，纳兰性德护驾从南方返回北京后，得知吴去世的消息后立即写了《祭吴汉槎文》，字里行间充满痛惜之情。纳兰性德还主持安葬了吴兆骞，照顾其子女，并安排了兆骞之弟的工作。

回头再说顾贞观。

顾贞观官场失意的具体原因史料失载，我们不做猜测。他和纳兰性德的酬寄之作，有不少牢骚忧伤。纳兰性德在忧伤怀念之中，对顾贞观不断慰勉。顾贞观脱离官场后仍然时出狂放之言，亲戚故交避之唯恐不及，纳兰性德暗中斡旋庇护，费了许多心思。纳兰性德逝世后，顾贞观悲痛不已，一年之后即带着家室回归故里，过上了足不出户的隐居生活。后有《弹指词》行世。

当然最值得说的还是那首《金缕曲·赠梁汾》：

> 德也狂生耳！偶然间，缁尘京国，乌衣门第。有酒唯浇赵州土，谁会成生此意？不信道，竟逢知己。青眼高歌俱未老，向尊前，拭尽英雄泪。君不见，月如水。

> 共君此夜须沉醉，且由他，蛾眉谣诼，古今同忌。身世悠悠何足问？冷笑置之而已！寻思起，从头翻悔。一日心期千劫在，后生缘，恐结在他生里。然诺重，君须记。

纳兰性德披肝沥胆，怜才赴义，他和顾贞观及吴兆骞的友谊，成了千古绝唱。

身后是非谁管得，满村皆说蔡中郎。——纳兰性德1685年辞世，三百多年过去了，人们从《饮水词》里认识他、误解他，包括这篇小文章，未必不是一次新的误读，但我仍要越过时间的尘埃，向传主致以深深的敬意，主要是为他凝练简洁的一生。

纳兰性德作品入选语文版语文教材的有《长相思》，入选其他版本语文教材、读本的有《金缕曲》。

严复　知非空谷无佳人

严复（1854—1921）何许人也？中国近代史上睁眼看世界的第一人。有人这样充满激情地描述严复的地位："大时代来临了，不可抗拒的世界潮流冲击这块古老的大陆。严复以前，中国思想界所有

《天演论》

的努力基本上都局限在传统的眼光和方法之中。严复的出现标志着一个新时代的开始。"严复早年对西学的推崇和晚年对传统文化的固守给后人留下了足够多的话题。仅仅翻译《天演论》，以"物竞天择，适者生存"的生物进化理论阐发救亡图存的观点，还有提出"信达雅"的译文标准，就足够让他不朽。

　　吕碧城（1884—1943）何许人也？龙榆生称她为近三百年最后一位女词人。她早年出走家庭，得天津《大公报》经理英敛之的扶持，进入报业，交接名流，与秋瑾、袁克文（袁世凯之子）等保持深厚的友谊；后创办女子公学，接着在上海经商，一时成为巨富。离开上海，吕碧城游历欧美，人到中年，却突然皈依佛门；二战期间，由瑞士到香港，1943 年病逝。

　　两人年龄相差三十岁，但都是广漠星空之上亮闪闪的星子。交会瞬间留下了灿烂的光焰，照亮了寂寥的夜空，也给后世仰望的人一些遐思。

　　　　1908 年 10 月 4 日，严复到吕碧城处；10 月 10 日，严复见碧城；10 月 13 日，碧城拜访严复；10 月 16 日，严复病，不能吃饭，信与碧城；12 月 1 日晚严复送碧城由北京往天津。

　　　　1909 年 4 月 8 日，严复得碧城信；6 月 11 日，严复到天津；6 月 13 日，碧城拜访严复，谈极久；7 月 29 日，碧城拜访严复；9 月 23 日，严复寄碧城信；11 月 8 日，严复寄碧城信。

　　如此短暂的时间，如此频繁的造访和书信往来，如此大的年龄差距，如此声名的两个人，相遇与交往，产生过怎样的心灵悸动，多年以后我们只能揣测一二。留在日记上的片言只语，也许曾在当事人内心掀起惊涛骇浪，但这些浪涛在漫长的岁月里早已沉寂。

　　今日博客、微博繁荣，以纸、笔记日记的成年人，恐怕是珍稀动物了。日记是私密空间，博客是公共浏览区域。两者的写作目的不同，话题对象和遣词造句自然大相径庭。能将一个人反复记入日记，而且语焉不详，多半是有一些不能大白于人的情感在。病中探访，夜间送行，许多未能记载的详情深隐在跳荡的词句中。本文不敢品评严复对中国思想史的贡献，仅根据大师情感的碎片，推测一下伟大人物内心的困惑和挣扎，进而探讨一下更为普遍的世道人心。

不睦：一个男人和若干个女人的永恒故事

潘光旦曾盛赞中国式婚姻里父母之命和门当户对的优点，说是至少在物质层面保障了下一代的幸福。不少文化人就此发挥说，妻子多半是家族利益的结合，而男人的爱情并未因此受到损害，因为男人还可以在纳妾时完成他的爱情想象。实际情形呢？我们看看严复的经历。

严复一生有二妻一妾。他的第一位妻子是不识字的王氏，两人年龄相仿。在婚姻生活二十六年中，严复因为学业、出仕、经济等原因，与王氏聚少离多，虽生有多名子女，但因为王氏不识字，两人没有留下书信，难以直接窥见他们之间的情感。学贯中西的严复与一字不识的王氏，很难说得上有多少丰富的情感。不过，1921 年夏天，在严复去世前的两三个月，曾亲手为王夫人抄写《金刚经》一部，且安排死后与王夫人合葬，有人推测这一举动主要是遵从礼法，并感谢王氏照顾母亲与儿子的情分。

王夫人过世后，38 岁的严复纳 15 岁的福州女子江莺娘为妾。严复纳妾时并不得志，他不但得不到李鸿章的重用，同僚中又有严重的派系之争。四度参加乡试，不幸皆落榜。或许由于这两方面的挫折，严复在此期间开始吸食鸦片。莺娘也是一个不识字的姑娘，内向寡言，脾气不好，与严复关系不融洽。以严复的个性，他期望伴侣"能言会笑"，"方不寂寞"，共同生活十八年后，严复说："自渠十五岁到我家，于今十又八年……在阳崎、在天津，哪一天我不受他一二回冲撞。起先尚与他计较，至后知其性情如是，即亦不说罢了……此人真是无理可讲，不但向我漠然无情，饥寒痛痒不甚关怀。"

红袖添香是大多数文人的绮梦，连辛弃疾也不能免俗，英雄末路时也感叹"倩何人，唤取红巾翠袖"。可能失意文人都希望粗粝的生命里有一点年轻女性的温存吧。男性渴望建功立业，沙场征战，生命里总有一些杀伐之气，不过，这样的男人本质上还是顽童，是顽童就希望有温柔母性的照拂。特别是在外面的世界受到遏抑之后，更渴望在柔弱的春水里洗濯受伤的心灵。"赌书消得泼茶香"是神仙眷侣，普通人不敢奢望，严复的生命里难道没有这样的遇合？难以细腻沟通的妻子已辞世，在严复那个时代，纳妾是天经地义的事，他选择得如此匆忙，是因为本身对情感领域并不在意？还是当时识字女子太少？抑或这是一段因误会结就的姻缘？如果纳妾只是为了照顾个人日常起居，更不应该选择"漠然无情"的丫头啊。同居一室，"饥寒痛痒不甚关怀"，最难将息。这样两个人聚首，大概就是佛教说的"怨憎会"吧。俗世普通男女，不敢奢望心灵深处对等的交融，至少能一呼一应，做不来神仙眷属，也要做知冷知热的尘世夫妻。严复与莺娘，何苦来哉？

与莺娘结合八年后，46 岁的严复在上海结识朱明丽，娶朱为妻。朱明丽受过教育，但文字功夫并不纯熟，分隔两地时严复与她三五天即通一封信，两人感情深厚。

清代文学家沈复在《浮生六记》里记载，相爱甚深的伴侣芸娘一直想为他物色一名小妾，后来相中的那位女子被有力者夺去，芸娘竟因此一病不起，沈公子反过来劝妻子不必萦怀，说那种女子未必适合他们的生活。不知是沈公子自作多情自说自话，还是芸娘有超越尘俗的大气魄大胸怀。可惜芸娘的"浮生"连"半记"也未曾留下，在未有新证之前，我们只能听取沈公子的一面之词了。不过《红楼梦》里倒有可以印证的故事，邢夫人为贾赦向贾母讨要鸳鸯，并说："大家子三房四妾的也多，偏咱们就使不得？"又急匆匆找鸳鸯说："你知道我的性子又好，又不是那不容人的人。过一年半载，生下个一男半女，你就和我并肩了。"真正一个毫不利己专门利人的好妻子。真实情况呢？严复给了我们比较可信的回答。

严复写信给朱明丽说："自汝来后，（江莺娘）更是一肚皮牢骚愤懑，一点便着，吾暗中实不知受了多少闲气。此总是前生业债，无可如何，只得眼泪往肚里流罢了。"在妻妾争执之中，严复感叹"世间唯妇女最难对付"。

在一起生活十八年之后，严复与江莺娘分手，严复时年56岁。不是生活实在难以为继，严复不会做出如此选择。两人数次"大相冲突"，严复感叹自己"真天下第一可怜人也"。他向明丽诉说心中的痛苦："此间京寓本极清静，除两人外余皆是下人……江姨向极寡言，既不出门，又不能看书，针黹近亦厌弃……凡无一事，只是闷坐卧床而已。度日如此，亦自难堪！""渠总是板着面孔，与人不交一语。"这年四月二十三日，两人吵架后莺娘离开严复，两人关系就此结束。严复感叹地说"吾今日即算与伊永别，不但今生不必见面，即以后生生世世，亦不必窄路相逢罢了"。此后严复每月"付姨太 40 元"。后来莺娘有意返家，严复断然拒绝。

世间难见沈复妻子芸娘那样的高尚女子，邢夫人是小说里人物，做不得数的。严复的两位小女友一直未能和睦共处，由此可知，妻妾成群的大同世界只是某些男性一厢情愿的臆想。以今日之常识考量，爱情以它的排他性、独占性区别于人类其他的情感。这种在莎士比亚看来"比死还要坚强"的情感，不可能公开地与他人分享。

我们遗憾地看到，严复在婚姻情感领域十分失败。在生活和事业不顺的情境下还染上了鸦片烟瘾。他早上以典雅的文言翻译《天演论》，鼓励国人发愤图强；下午则躺在床上吸鸦片。他有丰富深沉的情感需求，却一而再、再而三在婚恋世界里沦陷，与他根本不对等的女子耗去了他的宝贵岁月。

隐情：放纵与放弃之间的两难选择

严复的生命当中并非没有合适的女性，但两人并未发展成情侣关系，这个女性便是篇首所说的吕碧城。无论男性女性，如果对方没能满足自己身体特别是精神上的需求，都很容易心生动摇；如果不能充分满足，在现实中偶然遇到合适的对象，也可能投注情感。心中有一股不满足的抑郁之气，自然希望得到更真实饱满的情感。简言之，婚姻之外的情感，皆因为彼此身心寂寞。照此说来，至少严复有可能主动发展这段感情。

严复结识吕碧城时已五十出头，吕当时不过二十多岁。吕碧城刚到天津，与英敛之过从甚密。吕碧城一时声名大振，很大程度上源于英氏利用《大公报》集中推出了吕的词作。后来，因为吕对英氏的才学失望，两人关系渐渐冷下来。

严复54岁那年，吕碧城在天津随其学习名学，严复在此期间把耶方斯的《名学浅说》译为中文。书译成以后，严复在译稿上写了"明因读本"四字，后来，吕碧城就以"明因"二字作为自己的字。于此可以窥见吕氏对严复的倾慕。此书由商务印书馆出版后，严复在《译者自序》里说："戊申孟秋，浪迹津沽。有**女学生旌德吕氏，谆求授以此学。因取耶方斯浅说，排日译示讲解，经两月成书。**"严复在日记之中很详细地记载翻译讲解《名学浅说》的进度。如"**八月十六日始译《名学启蒙》**""**八月十八日到女子公学，以《名学》讲授碧城**""**十月二十日译《名学》完**"。这段时间两人交往十分密切。

除了讲解《名学浅说》，最能见证两人感情的是严复的《秋花次吕女士韵》。诗中，严复用海棠比喻吕碧城。海棠艳丽娇媚，严复以此作喻称颂小自己三十岁的年轻女子，是心灵的倾慕爱恋；还是故意以长者的爱惜之情巧为掩饰，从而回避这缕情丝？

吕碧城当时深得各界名流的钦慕，前程似锦，而严复诸事不顺。诗中严复将自己比作桂树，秋日开花，远不比春日海棠之惹人欢喜，但严复不甘心就此放弃，他仍在旷野寂寥中挣扎呼号。这是"功业未成就，岁光屡奔迫"的文士共同的悲叹。理想和才华越高远杰出，现实就越疼痛。这种心境之下，结识这位敬慕自己的"当红"女子，严复当感到安慰，他期望寂寞晚秋能绽放出生命最后的光彩。联系前文所述他的家庭生活，妻妾皆未能给他足够的家之温馨，凡庸岁月，尽是粗粝的争吵，决无温润的甘霖。他怎能不对眼前的女子动情？至于30岁年龄的差距，在当时并不算回事。他的小妾江莺娘也小他23岁。严复曾留学英国，对西方的个性自由当有深刻了解，如果他与吕碧城之间产生恋情，也是情理中事。可是，严复偏偏发乎情而止于礼。电光火石，惊鸿一瞥，一切都渐渐消隐。像所有的士大夫一样，严复在政治失意的尽头渴望温情；但和包括苏轼、辛弃疾在内的许多诗人不同的是，他从温情旁边悄然离开了。

中年男子掩饰自己对年轻女性的爱情，最好的办法是以师长自居。师长在现实中是一种实在的身份，也是一个逃避的借口。严复为什么要周旋回避，吕氏有没有痴情执著，于今皆已不可知。不过，我们可以从这首诗里"**转眼高台亦成废**"看出诗人对人生深深的无奈。严复贯通中西文化的过程中，出现了许多矛盾的行为：他以"古文"来"开民智"，批评吸食鸦片自己却无法戒除；他提倡自由、民主、平等，却实践多妻制，并反对儿女婚姻自由。在宣扬个人自由之时，他强调"容忍"和"社会责任"。严复也许多情敏锐，却在家庭伦理上显示了异样的冷静。作为维新人物，他标榜自由，却在回眸身后凝重的传统时，内心默默忍受着撕扯的痛苦。

吕碧城25岁尚无对象，严复在给甥女信中谈到吕碧城，说："碧城心高意傲，举所见男女，无一当其意者。极喜学问，尤爱笔墨……身体亦弱，不任用功。吾常劝其不必用功，早觅佳对，渠意深不谓然，大有立志不嫁以终其身之意，其可叹也。此人年纪虽小，见解却高……"吕碧城十多年后皈依佛门可能与这段感情并无直接关系，但此时吕碧城并未听老师教导早觅佳偶，却也能透露几分消息。也许在他们的内心深处一直存在情与礼的鏖战。

两个外表看起来并无多少共同点的人怎么会交汇？细细分析，还是有一条鲜明的脉络。

首先，爱惜和珍重。年轻的吕碧城敬慕学贯中西的严复，这可能还是普通的师生之情。其时严复希望朝廷兴学校办教育，可朝廷诏书屡下，成效甚微；吕氏以二十多岁的年纪办起了北洋女子公学，亲任校长，这一点让年过半百的严复深为叹服。吕氏心高气傲，惹人非议，严复仍称赞她"高雅率真，明达可爱"。吕氏无论学识人品还是神采气质，都有可圈点之处，但涉世不深、心高气傲使得她在社交圈吃尽苦头。严复受过西学洗礼，能认识到吕氏身上常人看不到的优点，并对这些遭受众人非议的优点极力推崇。这种女性在当时被庸人视为异类，而在见识超拔的严复眼里却成了天人，这份爱惜之情，肯定会拉近心与心的距离。年轻的吕氏当能理解前辈的这份厚意，严复对这位杰出的年轻女性，也充分发挥了长者的呵护作用。

其次，同声相应，同气相求。严吕二人均看重教育对开启民智的作用，严复重教育挽救国家之大义，吕碧城重教育拯救妇女之地位，这两者并无本质不同。相近的价值观使两人交汇的渠道更为广泛，且互为促进。这对于两人都是极为难得的支持，严复的社会影响力给了吕氏外援，吕氏的实践操作为严复提供了理想付诸实行的范本。相近的人生理想，使得两人的生命轨迹重合。

第三，师承与滋养。严复早年留学英国，浸淫西学，开一代风气之先。在吕氏的交往圈里，严复无疑是一股清风，吹来了异域的声香色味，给这个古老帝国带来了从未有过的冲击；这阵清风也给了聪慧好学的吕氏以强烈的刺激。在与严复交往期间，吕

吕碧城身着欧式衣裙，
胸绣孔雀翎，头戴翠羽，
风姿绰约

氏即提出了留学的请求，严复考虑到吕氏不谙英文未为举荐，后几经波折，吕氏还是走出了国门，在国外游历十余年。吕氏在国外，翻译名著，传播文化，与严复一脉相承。有意思的是，严复晚年由全盘西化回归传统，而吕氏也由向往西学的才女皈依佛门，其间不能说没有严复思想的影响。

什么样的感情能走向永恒？严复与吕碧城的交往给了我们一些有意思的思考。他们缺少尘世的温暖与依恋，却赢得了一世的情谊。

每段感情产生之初，无论男女无不盼其久长深邃，普通男女更是陷溺其中，可惜尔后就算是修成正果也多是柴米夫妻，等而下之的是感情被丢在逝川之上，"无论魏晋，不知有汉"了。这样看来，严复的这段没有结果的感情也许获得了更为丰富的意义。当然，吕碧城也发挥了重要作用。试想凡俗女子，不过云烟过眼，就算是同居十八年的江莺娘，严复还说从今往后再不愿与她"窄路相逢"。情深情寡，令人叹惋。

严复之后，胡适在妻室之外曾与曹诚英另筑爱巢；虽屡遭江冬秀河东狮吼，但他与韦莲司仍持续了近半个世纪的恋情同样让人感喟。

这些人，在世纪之交，在中西文化交汇点上，有传统因袭的重负，有道德伦理的束缚，也有自由情性的呼唤。有的人，挣扎过后自我解脱；有的人，标榜过后复又沦陷。个中是非，后人三言两语，难以尽说。

就算当初是真爱相守，如梁启超，娶了夫人之后又在夏威夷爱上何蕙珍，任公并不因此停止他的爱情，虽然他倡导一夫一妻制，后来居然又纳了小妾。

题外话：这个世间有永恒的爱情吗

以前，这不是个问题。元好问不是说了嘛，"问世间情是何物？直教人生死相许"。既然超越了生死，当然永恒了。

我们发现，就算是两情相悦走到一处，也不知怎么就分道扬镳了。优秀杰出如梁启超就是一例。这样的例子不少，闹得沸沸扬扬的有徐志摩、郁达夫、郭沫若等。国外的如拜伦、歌德、莫泊桑、托尔斯泰。这串名字肯定很长。

过去我们认为，凡是相爱而结合的人，其中一方走出婚姻之城便是对爱情的背叛，便是道德上有了严重的瑕疵。因为我们发自本心要捍卫来之不易的爱情。但是在紧张的捍卫声中，不知不觉，爱情被蚕食，被耗损，被我们在爱面前的懒惰、被婚姻的真相一步步斫伤。多数人对爱情的消失视而不见，或者习惯这种所谓的亲情——其实，亲情是建立在血缘基础上的。一旦爱情消失，保持爱情的愿望也随之消失。爱情演变成亲情，这只是一种优美的修辞，实际就是婚姻中的冷漠。漫漫长夜无心睡眠——婚前是因为爱情辗转反侧；婚后是因为一方的冷漠而灰心丧气，想着第二天要明媚着笑脸上班，才不敢把双眼哭成桃子。更多的时候是哭不出来，憋得小脸发青。

我们当然不赞同见异思迁。但是在婚姻生活里，许多人不会经营爱情，最后导致爱情完全丧失的悲剧，每天都在上演。

法国人被称为是最浪漫的，据说他们如果不喜欢对方，就会坦然告诉对方，双方权衡后可以选择决绝的告别。法国人认为在婚姻之外有隐藏的深情是一件人格分裂的事，违背了做人的基本原则。我们好像不习惯这种决绝的方式，觉得太残忍。过去，男人可以纳妾，但是看了严复的故事，发现纳妾根本解决不了问题。于是，国人后来遂选择了隐瞒私情——看看宋词就会明白，我们历史上有多少隐情。

隐瞒私情可能带来人格的分裂，要不断接受良心的拷问。但是，我们已经习惯于这些"瞒"和"骗"，其实这些"自欺欺人"的本领又岂止体现在爱情上？

法国人中的杰出者萨特和波伏娃，相约一世不结婚，不接受任何约束地相爱，但是一定要将彼此产生的新的恋情坦诚告知对方。他们曾经是美好爱情的神话。但是后来人们从他们的作品里，仍然发现了疯狂的妒忌，他们都有其他的爱得死去活来的恋人。这种不受任何约束的情人还是情人吗？我们不能理解。我们注意的是相互的背叛，而无法理解赤诚相见。

永恒的爱，可能只是一种信念？对爱的渴望倒可能是永恒的。

同样是东方人的日本医生、作家渡边淳一坦言，根本没有所谓的永恒的爱。爱是一种精神上的紧张状态，这种紧张状态不可能持久，随着婚后安定的生活，爱逐渐褪色是必然的。很容易想象：当初千方百计才得见一面，结婚后日日厮守成为理所当然，爱欲随着

"得来全不费工夫"自然失去趣味。不过，他又指出，女性相对男性，可能由于生理的原因，虽然不再保持一种紧张感，但仍然能从精神上依赖男性，从而延续这种爱；男性则几无可能。

有着东西两副眼光的严复，在无聊的婚姻生活里可能早就发现了这一点，因此理智地选择了恬退隐忍？"湖树湖烟赴暝愁，望舒窈窕回斜睇。五陵尘土倾城春，知非空谷无佳人。只怜日月不贷岁，转眼高台亦成废。"一切都会被时间否定，再炽烈的情感，焚烧之后都是灰烬，挣扎还有意义吗？

面对所谓的永恒，严复无力地垂下头来。

不过，没有这种定力的普通人，大多要贪恋偶然相遇的情感对象，贪恋那一点点沉陷的短暂的温热，借此驱逐婚姻中的寒冷。就像蝼蚁贪生一样。即使明明知道一切都将归于寂灭，在一切初生的时候，我们仍不免惊喜。

君看一片叶，陨落秋风里。但是每年春天到来的时候，我们还要紧紧盯住那一片鲜绿，并为之痴迷。也许，这就是悲剧人生仍要活下去的重要源泉？这原是人生的常态？

我们，或许不必为这些新生的情感焦虑，应该创造和享受这片刻的幸福？因为，人生原来也是片刻。

严复作品入选语文教材的有《〈天演论〉译例言》。

胡适 小簟轻衾各自寒

梧桐生矣　于彼朝阳

这是一百二十年前的事了，皖南贡生胡铁花，经历一段时间的"候补"，1891年被任命为淞沪厘卡总巡，这是一份官场肥缺。当年12月17日，他的小儿子在胡家合伙经营的"瑞馨泰"茶叶店里出生。

胡适父亲

"瑞馨泰"茶叶店在上海大东门外。此刻，我在大东门附近的一幢老建筑的楼顶，遥望已不存在的"瑞馨泰"茶叶店，生出浮薄的沧海桑田之叹。无数人在土地上生活、消失，只有极少数人给后世留下了驱之不去的气息。虽然这个大都市留下的各种记忆如恒河沙数，但只有在适当的时候才会在适当的后人那里获得呼应。一

安徽绩溪胡适故居

胡适母亲

切物是人非的变化都像蚕食桑叶，而时光永远是一条贪婪的春蚕。在林立的楼群间，过往的气息已经消失殆尽，但是打开书页，怀着一份虔敬的心情，经年往事却又历历在目。

胡铁花在小儿子出生后不久奉调台湾。本文主人公由 18 岁的母亲冯顺弟带着，从上海浦西搬到浦东，度过了他生命中最初的时光。这个男婴就是未来的中国新文化运动的主要领导者之一，自由主义先驱，拥有三十六个博士头衔的胡适。

关于胡适，值得说的太多了。博通中西的学问，勇毅的实践精神，在 20 世纪的中国，能与之比肩者鲜矣。但在大众视野里，胡适一生最为普通人所乐道的，既不是他的实验主义，也不是他的哲学史、文学史，或小说考证，而是他的爱情和婚姻。

关注一个人的情感世界是走近这个人的最好方式。普通大众不懂精深的学问，但在关注男女私情方面都是自学成才的优等生。他们热衷于传播绯闻，将伟人的精神世界降格到与自己一样平庸的境界，最后发出"伟人原来不过如此"的感慨，实际上，他们对伟人的精神世界一无所知。胡适永远是胡适。他的情感世界也是轻慢窥伺者所无法了解的。这一点正如西谚所云：仆人不识英雄。——什么样的地位和见识决定了什么样的人生境界。

胡适的《我的母亲》一文被选入了语文教材。我在不同的省市听过不同的教师讲这篇课文。文章较长，语言朴实，许多教师认为此文简易，多在理清叙事线索后让学生概括母亲品性，再对母亲为人和教子的方式发表一点评论就算完成教学任务。

我每读一次都有一些疑窦。

胡适对母亲怀有怎样的深情？母亲的为人怎样影响胡适的个性，特别是影响他对婚姻和爱情的态度？胡适的个性给其他女性带来了怎样一连串的幸或不幸的命运？

有人说，胡适婚姻的矛盾，基本上是爱情与亲情的冲突，而结果是爱情向亲情屈服，或者说爱情被亲情扼杀。可莎士比亚说，爱情是比死亡还要强烈的东西，我不明白，在胡适博大深沉的心灵世界里，爱情在亲情面前怎么就显得如此萎弱？

邂逅相遇　适我愿兮

我们先梳理世间普通人情感相遇的几种模式：

第一种，门当户对，两小无猜，终成眷属。在漫长的婚姻生活里，彼此扶持，相互忠诚，度过了平凡岁月，也战胜了生活灾难，一直携手，相伴白头。更为重要的是，爱情之火在两人心田里燃烧，从蜜月烧到银婚、金婚、钻石婚……爱情简直就是芳草，野火烧不尽春风吹又生。这大概就是传说中的神仙眷侣。世间难得几回见。

第二种，或者郎骑竹马来绕床弄青梅，或者千里姻缘一线牵。结合之后，真心相待，但柴米油盐的世俗岁月将光洁的爱情镀上了一层厚厚的油垢。两人争吵，打闹，又在打闹中不断修补婚姻，为生计，为儿女，也为了早年的爱情，相守终生。他们之中的某一位心灵深处却有说不出的苦楚，或者心灵干脆就变成了油腻腻的厨房，从没有清理过，也就没有清洁神圣的需求。岁月将所有的花前月下惊鸿一瞥暗香浮动变成了一缕缕饭香，包括刷锅水的气味。这是普通人的爱情和婚姻。因为一直相守，获得了道德上的安全感。他们沾沾自喜，不相信第一类人的存在，并轻视下面将要说到的两类人。

第三种，心灵永远开放，爱情常有常新。生命不息，恋爱不止。一般人的爱情像一年生植物，萌蘖抽条，开花结果，有生有灭，一生一世就一次。而这种人的爱情是多年生植物，"谁道'恋情'抛却久，每到春来'恋爱'还依旧"。有人说，这种人的爱情就像老母鸡抱窝，春天来了，就要犯这种病，当然母鸡是舍身忘我为了后代。人类的这种爱情不追求结果，却往往惊世骇俗，成为人类精神的标杆之一。屠格涅夫、契诃夫、莫泊桑就如此；海明威、歌德、徐志摩等，也莫不如是。这是男性，杰出的女性中也有，如乔治·桑。这种人心灵世界特别丰富，情感要求强烈。心思要么缜密细腻，要么奔放磅礴。他们，多半是作家、艺术家。

如诗人徐志摩与沪上名媛陆小曼的爱情，郁达夫一语中的："他们的一段浓情，若在进步的社会里，有理解的社会里，岂不是千古的美谈？忠厚柔艳如小曼，热烈诚挚如志摩，遇合在一起，自然要发放火花，烧成一片了，哪里还顾得到纲常伦教？更哪里还顾得到宗法家风？"但梁启超作为徐志摩的老师，在徐志摩与陆小曼婚礼进行中则引经据典地来了一通训词："你们都是离过婚，重又结婚的，都是用情不专，以后要痛自悔悟，重新做人。"

这种人，让有些人唾弃，让有些人妒羡；让表面唾弃的人内心无比羡慕，让表面羡慕的人内心不停挣扎。

第四种，滥情主义。第三种人以心灵的深度为标志，爱是他们的本能，没有爱的日子面容枯槁；第四种则属于《红楼梦》里贾珍兄弟的所谓"爱情"——皮肤滥淫。他们服从于自己的欲望，奉行及时行乐主义。这种人无须赘述。

在初春潮湿的天空下写下这些文字，在胡适已经消失的故居附近遥望那些渺不可知的人和事，我可以将抽象的人群合并同类项，但对真心关注的对象，对胡适，我却难以归并。他不属于我粗浅的分类的这几种人。

我私心敬慕第一类人。这种人多坦荡啊，走到哪里都是导师。我同情第三类人，他们身不由己，太活泼的生命意识给他们带来了太多的痛苦。第二类人很普通，第四类人很糟糕，无须多说。

胡适是我心中敬慕却无法归类的人。

一个人一生中没有一点难以启齿的私情，未必真的很完美；同样，一个人陷溺于私情当中，一生都在情感的深湖里游泳嬉戏且乐此不疲，未必就是情圣。

有陷溺，也有把持；有挣扎，也有取舍。——在短暂的生涯里，爱原本就是生命的盛宴，放弃肯定是懦夫的行为，拥有所爱就是抵达人间仙境，但是，"放弃"和"拥有"从来就不是当事人能简单选择的，总有一些情感在挑战人类的极限。

读胡适的书信、日记，看别人写的关于他的传记，听一些教师讲授关于他的课文，我试图还原胡适的情感世界，看看伟大人物情感世界同样伟大的一面。

浪漫的故事常常柔化了伟人挺拔伟岸的身影，让人生出一份亲切来，但伟人始终是伟人。前不久读到一篇文章，说"孔子就像我的邻家老头"，甚至大言不惭地说，"我老了也许就像孔子吧"。孔子从生物学意义上看，有邻家老头的一面，但其他地方，孔子就是孔子，他谁也不是。还有，不是说一个人活得时间长一些就是孔子，他还可能是老无赖。

有人喜欢将神坛砸碎，将英雄矮化，以为心思卑琐就是平常心。砸碎伪装的神祇，太必要了；但将真正神圣的东西拉到脏污的境界却是极大的不幸。猪猡看到一屋子珍珠，糟蹋一通还说珍珠不如秕糠，我希望还原出一个干净、丰富的胡适。

棘心夭夭　母氏劬劳

要读懂胡适的《我的母亲》一文，最好读一读清代诗人蒋士铨的散文名篇《鸣机夜课图记》和宋代文豪欧阳修的《泷冈阡表》。孤儿哀哀，寡母眷眷。这种母亲不只是爱护孩子的身体，更要为弱子打下强健的精神根底，此非一般寡母所能为。

胡适的母亲冯顺弟寡居时年仅23岁，在胡氏大家庭中做家长，谈何容易！《我的母亲》一文对此有所记载。她最大的禀赋就是容忍。诚如胡适所说，母亲含辛茹苦支撑数十年，"只因为还有我这一点骨血""把全部希望寄托在我的渺茫不可知的将来"，所以哺育爱子几乎成了她生活的全部内容。一个山村农妇有多大能耐施教呢？除了自身品德和随夫阅世的知识外，先夫的那份遗嘱和他经天行地的一生，便是一部无形的教科书。

1895 年胡适 5 岁，开始读书塾。为了让孩子有求知、发展的天地，1904 年，母亲让他走出了皖南大山。四十年后，他在回忆中说："我就这样出门去了，向那不可知的人海里去寻求我自己的教育和生活。""但这九年的生活，除了读书看书之外，究竟给了我一点做人的训练。在这一点上，我的恩师就是我的慈母！"

母亲 23 岁失去丈夫，做胡氏这个大家庭的家长，忍耐宽厚，积劳成疾，46 岁离开了人世。"晚年"，丈夫前妻所生的长子和三子早逝，她让大儿媳及长房两个幼孙，三儿媳及三房的幼孙与自己同住同炊，使得离析后的胡家再度复合。宽容、牺牲贯穿了她的终生。1910 年，胡适留学美国，母亲为使他在大洋彼岸读书潜心，让人给她摄了张相片，告诉家人："我如若大病不起，你们也慎重不要告诉糜儿（胡适小名），仍旧请你们代笔按月寄去家书，一如既往。有朝一天我儿子学成回国了，要是我已不在人世了，你们就将这张相片交给他。糜儿看到这张相片，犹如见到我一样。"后来，她逃脱死神魔掌，渐渐痊愈了，虽然思儿心切，但仍没有去信美国催归。

胡适 13 岁离家游学的十五年间，与母亲在一起生活只有四五个月，"生未能养，病未能侍，毕生劬劳未能丝毫分任，生死永诀也未能一面"！

母亲在大家族中做家长承担的各种是非、苦恼、不平……都被她忍耐着，宽容过了。这种禀赋，潜移默化，在胡适身上渐渐地体现出来。胡适在 1935 年出版的《四十自述》中曾说："如果我学得了一丝一毫的好脾气，如果我学得了一点点待人接物的和气，如果我能宽恕人，体谅人——我都得感谢我的慈母。"

胡适一生之中最悲痛的一件事大概是母亲的逝世。1918年11月23日母亲病殁。在1919年3月3日写给友人的一封信中，胡适这样描述道：

> 我母亲去年11月死于流行性感冒！从我们谈话中你已熟知我母亲。这个打击太大了，我简直无法承受。她死时才46岁。她过去二十几年为了我受尽千辛万苦，我现在刚开始能使她略感愉悦而她竟离开了人世！婚礼以后，我把妻子留在她身边。但是她知道我工作很辛苦，又把冬秀送到北京和我生活在一起。她听到我们马上要生孩子了，非常高兴，然而她却没能见到她的孙子。刚得流行性感冒的时候，她不让任何人写信通知我，她知道我原订12月要回家，她不要我为了她而提早行程。这就是她的个性——一个勇敢而不自私的女人！虽然我妻和我没能在她病床边，她含笑而终。

> 我唯一的安慰是在我离家十一年以后，从美国回家看到了母亲。临终前，她告诉病榻边的人说：她很高兴能活着见到我从海外回来，见到我和她所择定的人结婚，又听到我们即将得子的消息。

胡适的母亲为他备尝了二十几年的艰辛，把一辈子的希望全寄托在他的身上，他也不负母亲厚望，成就了赫赫功名。母亲在极为艰难的处境里对他的呵护和期盼，使得胡适有了浓郁的孝子情结。传统的大家族背景，寡母的殷殷期盼，沉积在胡适的个性中，克己、宽厚、理性、节制、顾全大局、委曲隐忍……这些成分逐渐积淀为胡适的人格，深切地影响他的精神和情感世界。一个人的成长经历和环境很大程度上决定了他将来的行事处世方式。

既见君子 云胡不喜

胡适 13 岁时，由母亲做主，与安徽旌德县江村江世贤之女江冬秀订婚。尔后十四载两人未曾谋面。1917 年 12 月，27 岁的胡适回故里完婚。1918 年，江冬秀离开乡村，跟随胡适。江冬秀平时在家里喜欢打扑克，爱热闹，在厨艺上也是一把好手。但她脾气不好，为一点小事就吵闹不休。胡适在母亲影响下，待人处世一直谦和有礼，情感内敛，

胡适一家合影

最不愿的事就是与人吵架，尤其是与自己的妻子。这是胡适的一张全家福照片，江冬秀端坐于太师椅上，颇有"一家之主"的风范，而胡适和儿子则规规矩矩地垂手站着。胡适与江冬秀在知识层次上的差别也太大了，一个是名闻天下的新学术领袖，一个却是大字不识几个的小脚太太。在知识界名流纷纷抛弃糟糠之妻时（包括鲁迅、郭沫若、郁达夫、徐志摩），胡适能忍他人所不能忍，和江冬秀和平相处，在朋友中受到特别敬重。蒋介石称道他是"新文化中旧道德的楷模"。胡适不毁婚约，与其说是为江冬秀，不如说是为他母亲。在 1918 年 5 月 2 日写给友人的信中，胡适坦白地承认：

> 吾之就此婚事，全为吾母起见，故从不曾挑剔为难（若

胡适与江冬秀

不为此，吾决不就此婚）……今既婚矣，吾力求迁就，以博吾母欢心。

这种由"深恩难报"的罪恶感，渐渐发展成了"母命难违"的使命感。胡适在日记中还写道：

假如我那时忍心毁约，使这几个人终身痛苦，我良心上的责备，必然比什么痛苦都难受。

胡适与江冬秀白头偕老，坚守了婚约，并不意味着他心如磐石。

1917 年胡适回故里完婚时伴娘是曹珮声。曹珮声是胡适三嫂的妹妹，名诚英，字珮声，比胡适小 11 岁。1923 年初夏，33 岁的胡适在杭州烟霞洞和尚庙养病，邀请已与丈夫离婚的曹珮声帮他照料日常起居，胡适帮她补习功课，实际上是同食同居，过了一段神仙生活。两人交往日多，不久之后，胡适写下《西湖》：

十七年梦想的西湖，不能医我的病，反使我病的更厉害了！然而西湖毕竟可爱。轻雾笼着，月光照着，我的心也跟着湖光微荡了。前天，伊却未免太绚烂了！我们只好在船篷阴处偷觑着，不敢正眼看伊了……

1924 年，胡适和曹珮声的关系日趋明朗，在沪杭求学的友人尽知此事。这年春天，胡适开始向江冬秀提出离婚，江冬秀不听则已，一听勃然大怒，从厨房中拿起菜刀，说："离婚可以，我先把两个孩子杀掉。"胡适再不敢做此想法。

1925 年曹珮声进南京东南大学读农科，1931 年毕业，后赴美国康奈尔农学院深造。1949 年春天，胡适经上海去美国，在复旦大学教书的曹珮声送行，哀哭流泪。此后曹珮声终身未嫁，1973 年病逝，亲友遵遗嘱将其安葬在绩溪县旺川公路旁。曹珮声委托亲友将她一直珍藏着的一大包与胡适来往资料（书信、照片、日记等），在她死后焚化。

曹珮声

曹珮声为了一段真挚的恋情付出了一生的代价，本来是让人"感叹复唏嘘"的事情，但曹珮声那些耿耿不寐的夜晚，胡适在哪里呢？如果两情相悦，只是由于外部阻隔而付出沉重代价，都还值得赞美，可是在曹的后半生，胡适的世界已经基本与她隔绝了。也许经历了与胡适的热恋，很少有合适的灵魂能重新打开她的心扉。胡适曾经的深情付出和心灵交融，也将爱过的女子带到了更为高远的境界，这是普通人和伟人恋爱的幸，还是不幸？

在与曹珮声短暂相恋之外，胡适还有一位知己，深情终身维系。

1914 年 6 月 8 日，胡适在美国求学期间，第一次访问纽约康奈尔大学地质学教授的次女韦莲司，胡时年 24 岁。胡适应韦莲司小姐之邀参观西方婚礼，迸发了爱情的火花。不久他们一起在湖滨散步，事后胡适在日记里写道：

> 其人极能思想，读书甚多，高洁几近狂狷，虽生富家而不事服饰。

次年胡适在致母亲的书信中说：

> 韦夫人之次女为儿好友……儿在此邦所认识之女友以此
> 君为相得最深。女士思想深沉，心地慈祥，见识高尚，儿得
> 其教益不少。

胡适不可能指望江冬秀成为自己心灵上的伴侣，而对闯入自己生活的如此合拍的女性，怎能不怦然心动呢？

韦莲司

韦莲司成了胡适留学期间"智识上的伴侣"。精神的沟通自然带来灵魂的亲密无间。在这个世上，灵魂的接近才是最为美妙的事情，许多人终其一生不知道这种智识交融的快乐。胡适的婚外恋情被许多人津津乐道，写了无数的文章，出了数百种图书，大家最为关心的是他到底有没有"越轨"。这是多么荒唐怪诞的事情，人们究竟想知道什么呢？前面挂一漏万地说到感情的四种模式，并说胡适哪个也不属于，就是阅读这类图书的感想。

生命中的惊鸿一瞥留下了美好的记忆，由这种记忆去放大情感，去美化对方形象，因而对现实中的伴侣缺乏基本的关心。关于这一点，张爱玲在《红玫瑰与白玫瑰》中做了最为精彩的表述：娶了红玫瑰，久而久之，红的变成了墙上的一抹蚊子血，白的还是"床前明月光"；娶了白玫瑰，久而久之，白的便是衣服上沾的一粒饭粘子，红的却是胸口上的一颗朱砂痣。

胡适不是这样，这是胡适极为可贵处。在现实里，他没有一点亏待江冬秀；在灵魂世界里，他与心灵知己互相唱和。没有几个男性能做到这一点。

当然，韦莲司也有过怨尤。既然心灵相知，既然倾心相逢，为什么不能生生世世相守呢？这是所有爱情的自然结局呀，哪怕相守后发现对方是"蚊子血"是"饭粘子"，每个相爱的弱小的情人，仍然是飞蛾扑火！

在巴金借《家》中的那一代喊出"我是我自己的"以前，人类的爱情有太多的阻碍，要承受太多的痛苦，胡适就是一个。可是，不要得意，在人类充分享有了自由以后，爱情仍然是一个令人痛苦困惑的主题。一见钟情，倾心于外貌，动物都可以做到，在情感世界里，人类最高贵的行为仍然是精神的创造和奉献。

没有创造力的生命，爱情也不会圆满。多少热恋男女走进婚姻殿堂马上感到天日无光，这说明当初令人心醉神迷的情感，其实不过是被荷尔蒙欺骗。彼此缺乏精神创造，妄图从所谓的爱情里寻找快乐，没门！

胡适关注战乱频仍的祖国，一直在寻找"救民于倒悬"的良策。二十六七岁，接触异邦各种各样的学说，苦于无人指点，这时除了导师，还需要切实的朋友。韦莲司比胡适大六七岁，在胡适的成长过程中扮演了亦师亦友的角色。韦莲司觉得，人类进步是以最少的摩擦来成就最大的善。这些观点对胡适影响很深。胡适在给她的信中写道：

> 我旁鹜太多，越来越远离我的主要目标……长久以来，我一直需要一个能导我于正确航向的舵手。但到目前为止，除了你，没有第二人……也许你不知道，在我们的交往中，我一直是一个受益者，你的谈话总是刺激我认真地思考……我相信思想上的互相启发才是一种最有价值的友谊。

他从来没有在和一个异性的交谈中，把思想和情感交流得如此融洽。和江冬秀，那是没有可能的。也许因为现实婚姻里的遗憾，胡适更加倾心于韦莲司。不过胡适毕竟是胡适，他和韦莲司的所有交往都在韦莲司母亲的眼光下，同时他还将这份难得的友谊向万里之外的母亲汇报。君子坦荡荡，在私情领域还能坦荡荡，尤为难得。是胡适的感情不够深切吗？是韦莲司的诱惑不够大吗？——不必追问这些，尘世之外，还有花开。只有当一个人经历了灵魂的浸染，才知道卿卿我我不是最重要的事，何况他们之间有一个江冬秀。为了不让别人痛苦，自己甘愿承受一切苦痛，这也是母亲对胡适早年教育的余响。

一个人能把握自己的情感，不让美好的情感因未遂所愿就慢慢磨灭，或者等而下之地反目成仇，而是一如既往地倾心浇注，同时又不让它燃成烈焰，吞噬和毁灭自己，这要有多大的胸怀，多大的热力，多清明的理性啊！钦佩胡适的取舍，也钦佩他情感的对手——韦莲司的智慧与深情。韦莲司为了胡适，也是终身未嫁。

1914 年在美国小城绮色佳，胡适和韦莲司相识；1917 年底胡适回国。此后两人更多的是在离别和相思中度过，盼望了几年十几年才能见上一面。1927 年，他们已经分别十年了，这年的 1 月到 4 月，胡适在美国纽约、费城等地游历并演讲，他抽空到魂牵梦萦的绮色佳小镇，与韦莲司相见。韦莲司此时已 43 岁，人到中年，双鬓染霜。十年间，胡适的人生发生了翻天覆地的变化，结婚生子，事业上达到巅峰，但对一直书信联系的老朋友仍是深情款款。

1927 年 4 月国共合作破裂，胡适回国，一直到 1933 年 6 月再度赴美。分别六年后他们又得重逢。韦莲司对名满天下的胡适谦逊地说：

> 此刻，我却无法忘怀在车门见到你那苍白的脸。你把我评价得过高了。虽然我们有平等理性的对话，但我找不到自己有任何内涵，可以和你相提并论。

由于胡适要到各地拜会师友，两个相爱的人只能和时间赛跑：

> 把这一天当作一份礼场，在仅有的几个小时里，享受共处的时光，把它加在两人并不太多的回忆里……但愿我们能快快乐乐地白头偕老……胡适，丰富的人生正等着我们去探索，我觉得另一个人生是属于我们的……我无视横亘在我们之间的时空距离……

这是快 50 岁的韦莲司写给胡适的信，她说的"白头偕老"另有一种内涵在。我们知道有多少人是"白头偕老"——"老使我怨"。

1934 年到 1936 年，韦莲司受胡适之托，照顾曹珮声在康奈尔大学求学期间的生活。韦莲司不会不知道胡适和曹珮声之间的情感纠葛，依然竭尽地主之谊。她在给胡适的信中说：

> 怎么一个人会这么渴望找到一个知己的朋友，这真是令人费解的事……我最亲爱的朋友，你一定不能跟我生气，而且一定要理解，我总是想着你——我对你的思念一如既往。

1936 年 7 月胡适启程赴美出席国际学术会议；8 月到 10 月，在美国和加拿大各地演讲；11 月初从旧金山启程回国。1937 年 9 月到 12 月，胡适在美国作非正式的外交工作，见罗斯福。1938 年 1 月到 7 月继续在美国和加拿大游历及演讲；8 月转游法国、瑞士和普鲁士；9 月，被国民政府任命为驻美全权大使。

1936 年到 1938 年的两三年间，胡适有很长一段时间独自在美国。由于公务繁忙，两人相见机会并不多，以至韦莲司怀疑胡适言行不一。胡适现在没有受制于一种高压的道德，母亲已经去世，妻子在国内，一切如此自由，她爱胡适，而且同在美国，为什么不能生活在一起呢？想到这些，韦莲司有些伤心。因为这辈子，胡适是她唯一想结婚的人。不过，他们之间的情谊没有改变，他们写充满情意的信，彼此问候，常常送上一份小小的爱的思念——一束玫瑰。韦莲司在胡适生病的时候写信：

> 你的病好些了吗……我只是要你知道，你的美国家人是很惦记你的。

韦莲司自认为她是胡适在美国的家人，胡适在劳碌奔波中会有一丝甜蜜在吧。

这一年，胡适 48 岁，韦莲司 54 岁。

1938 年到 1942 年胡适任驻美大使。1942 年 9 月辞去驻美大使职务，移居纽约，从事学术研究。1946 年 6 月由美国动身回国。这一次，胡适在美国待了九年。

和韦莲司的情谊有三十来年了，胡适整理出版自己的日记，发现其中有不少涉及韦莲司。韦莲司在胡适的盛名之下保持最谦逊的姿态：

> 我，其实比你猜想的更害羞。公开的资料中，有关我的部分，如果有些是个人的私事，我会觉得非常尴尬。但是，你知道，我是熟悉于"抽象"的。所以，我还是要对你送我"友谊不渝的象征"致以最衷心的谢忱。

当然，坦荡的交往也引起了江冬秀浓浓的醋意，她在给胡适的信里说：

　　我想，你近来一定有个人，同你商量办事的人，天上下来的人。我是高兴到万分，祝你两位长生不老，百百岁。

　　江氏虽文墨未通，但女人的小心眼不缺，语言也很有个性。不知韦莲司看了这些文字作何感想。

　　回国前夕，胡适写信给韦莲司：

　　我亲爱的朋友，在将近九年的居留之后，我又离开美国了……我会从中国写信给你。怀着爱，一如既往。

　　从来相思都刻骨，缠绵恩怨小儿曹。一定有许多"小簟轻衾各自寒"的时光，是相知相赏，是克己节制，是精神层面的沦肌浃髓，给他们充满遗憾的爱情带来了持久的温暖。

　　度过人生的青涩时代，成熟的爱有着更强烈的芬芳。离开的是肉身，弥漫的是彼此的思想。韦莲司对胡适的爱，爱得大气，爱得透明。从 1946 年胡适回国，到 1962 年胡适去世前，他们仍有书信往还：

　　文字无法表达我对你衷心的感谢。我非常欣赏你说的"两个人之间的友谊"的那句话，这份友谊长久以前开始，一直维持到今天，对我们一生有多方面的影响，这个影响是超过我们所能理解的。

　　我想为你重要著作的出版和英译尽些微薄力量，譬如，你早年所写的那些具有启发性、充满活力和创造力的作品，都是用中文写的。

　　无论是韦莲司，还是胡适，他们情谊中更为重要的是，彼此给对方精神上的滋养，对这个世界的创造性的奉献。更让人敬仰的是，胡适去世后，韦莲司竟和江冬秀成了朋友，并忙着整理胡适给她的书信，忙着为他成立出版基金。

台北南港的胡适墓园

1971 年，胡适去世九年后，韦莲司在太平洋上的一个小岛上孤独地辞世，遗物是胡适的书信和稿件。

世人不无遗憾地总结：胡适是韦莲司毕生唯一想嫁的男人，可是这个唯一想嫁的男人永远成不了她的丈夫。但是我想，胡适与韦莲司的这种爱情未必逊色于世俗的婚嫁。

世间应有更为新颖的情感模式。相爱而不能相守时，不必鱼死网破伤及无辜，不必幽期密约蝇营狗苟，坦坦荡荡更能持久地燃烧。相较于不顾一切挣扎着奔到一起的爱，精神上的相知相赏更能让"爱"在俗世里超脱出来，获得永恒。

胡适作品入选语文教材、读本的有《我的母亲》《毕业赠言》《差不多先生传》《老鸦》《终身做科学实验的爱迪生》等。

郁达夫　情多累美人

吴均《与朱元思书》这样描写富阳："风烟俱净，天山共色。从流飘荡，任意东西。自富阳至桐庐，一百许里，奇山异水，天下独绝……"1896 年冬天，浙江富阳风景独绝之地，郁达夫诞生。

郁达夫的童年住在一幢破旧的祖屋里。弄口有一条小石板路，直通富春江。

在小学校念书的时候，郁达夫老爱到江边上去玩。那里空气清新，在无边的桑槐的树影里，可以望见一碧无底的长空。隔江是烟树青山，少言寡语的郁达夫从小就容易在大自然里做白日梦。父亲积劳成疾，在他 3 岁时去世，母亲是全家生活的主心骨，成日在外辛苦，家里有个信佛念经、百事莫问的奶奶，哥哥在外求学，郁达夫的童年是寂寞的。

水样春愁如朝露

寂寞易生敏感，敏感多生诗思，知慕少艾也比别人来得早。

郁达夫最早的关于异性的情感记忆是邻家少女。这个姑娘姓赵。每次相见时，赵姑娘向他微笑一下，点一点头，他的一颗心马上就突突地狂跳起来。因而，他尽量回避她，可当他遇见她，得到她的微笑后，又希望与她再度相逢。

少年的爱也是寂寞的，他还远远不是后来狂放不羁的郁达夫。直到去杭州考中学的前夕，他们才有过一次独处的机会，是第一次，也是最后一次。临行前的夜晚，赵家庭院里，月光如水。赵姑娘微笑着，看看郁达夫，看看月亮；郁达夫微笑着看看她，看看空空的庭院。月光下，两个少年默默相对。诗人感到一点如同水一样的春愁。

第二天，当行舟进入钱塘江，他目不转睛地望着山水景色时，一腔离愁便消失了。望见杭州城外的青山，他心想："以后就是不可限量的远大的前程！"这一年，郁达夫14岁。

天外杨花化浮萍

郁达夫被杭州府中录取了，可是因学费无着，改往嘉兴府中就读。由于用功过度，他病了一场。暑假离校回家路过杭州时，口袋里还有一点余钱，他就在旧书摊里买了一大堆书。郁达夫一生穷愁多于显达，但一有钱就买书的嗜好伴随终生。由于嘉兴路途太远，第二学期还是转回了杭州府中。在这里，同宿舍的徐志摩给他留下了很深的印象。徐个子不高，头大脸大，顽皮好动；平时很不用功，考起来分数最高。郁达夫博览群书，开始向报馆投稿。第一次发表的是登在《全浙公报》上的一首五言古诗。16岁那年因参与学潮被开除，回家自修。一年后，兄长郁曼陀前往日本考察，带郁达夫到日本去读书。轮船到达日本长崎港口，明媚的风光给他留下了"像处女似的清丽的印象"。经过八个月的刻苦学习，18岁那年夏天，他考上了官费生。郭沫若等人是这一期的同学。

紧张的学习让他心灵充实，良好的学业成绩让他没有像鲁迅在仙台医专那样遭人侮蔑，但作为弱国的子民，他们内心的扭曲是一样的。

鲁迅受到外面的侵害，转过来严厉地要求自己，刻苦自励；郁达夫则是通过另一条路径释放自己。独身在外，毫无羁绊；异国浓艳风情，对缺乏自制力的少年不啻是斫伤性情的利刃。

日本女性白皙柔美，雪国温泉滋养的女孩子更是让年少的诗人不能自持。加上日本女子接受的都是顺从男子的教育，在与异性的接触上也比较率性大胆，完全不像诗人在国内见过的情形。这给了诗人很大的诱惑。郁达夫在求学之余，接触过许多日本年轻女子。这些温柔的女孩安慰过诗人寂寞的心田，也带来过许多愉快的记忆。在名古屋读书期间，诗人与日本少女后藤隆子就有过一段美好而短暂的感情。"几年沦落至西京，千古文章未得名。人事萧条春梦后，梅花五月又逢卿。"——这首诗就是诗人写给"隆儿"的，诗后附记曰："隆儿小家女，相逢道左，一往情

深……如天外杨花，一番风过便清清洁洁，化作浮萍，无根无
蒂，不即不离。"

但是，日本少女一听到诗人来自"支那"，马上就转变了态
度，有时简直是直叫出来："你们这些劣等民族，亡国贱种，到
我们这管理你们的大日本帝国来做什么！"这些侮辱的言辞从原
本百依百顺的妙龄少女口里说出时，诗人感到强烈的侮辱和绝
望。这些生活经历是后来他的成名作《沉沦》的原始素材。

瘦似南朝李易安

1917 年 6 月下旬，郁达夫自神户坐船回国，8 月初回到离别
四载的家乡。他这次回来的目的，是与孙荃订婚。孙荃小郁达夫
一岁，性格温存，能诗能文。郁达夫致长兄信谈到孙荃"荆钗布
裙，貌颇不扬，然吐属风流，亦有可取之处"。

9 月 3 日，诗人在杭州写下五首诗，遥寄孙荃。其中一首是：
"立马江浔泪不干，长亭诀别本来难。怜君亦是多情种，瘦似南
朝李易安。"10 月 18 日在日本又写了三首。年底孙荃寄诗郁达夫
"海上仙槎消息断，雪花满眼不胜愁"，郁达夫步韵四首。此后，
郁与孙经过三年通信，写诗唱和，1920 年暑假结婚。

可是，十年以后，为了使自己已婚不成为爱王映霞的障碍，
郁达夫说："我和我女人的订婚，是完全由父母做主，在我三岁
的时候定下的。后来我长大了，有了知识，觉得两人中间，终不
能发生出情爱来，所以几次想离婚，几次受了家庭的责备，结果
我的对抗方法，就只是长年避居在日本……我对于我的女人，终

是没有热烈的爱情的，所以结婚之后，到如今将满六载，而我和她同住的时候，积起来还不上半年。"

其实，他们当初也曾诗书酬唱，而且将未婚妻比作李清照，足见当初他并没有拒绝孙荃。而且，他们婚后在一起生活的日子绝不止半年。

海棠生涯原是梦

1921 年 10 月 15 日，郁达夫第一本小说集《沉沦》出版。当时有人说《沉沦》是诲淫之作。周作人指出："这集内所描写的是青年的现代的苦闷，似乎更为确实。生的意志与现实的冲突是这一切苦闷的基本；人不满足于现实，而复不肯遁于空虚，仍就这坚冷的现实中，寻求其不可得的快乐与幸福。"《沉沦》的主人公形象融合了作者生活经历，大胆暴露了自己的隐秘心理。

1921 年 10 月到 1922 年 1 月，郁达夫到位于安庆的安徽法政学校执教英语。安庆当时是安徽省府所在地。从日本回国，从上海到安庆，诗人说："人疏地僻，我好像是从 20 世纪的文明世界，被放逐到了罗马的黑暗时代的样子""我倦极了，单是四点钟的讲义，倒也没有什么，但是四点钟的讲义之外，又不得不加入八点钟的预备。一天十二点钟的劳动，血肉做的身体，谁经得起这过度的苦工呢！"——每天四节课并不轻松，但不知为什么要备八小时的课？可能诗人的叫苦当不得真，他其实未必都在"备课"。

这时他已经结婚，在独处的日子里，他故疾重犯，结识了一位名叫海棠的妓女，据说海棠面貌奇丑，他的朋友说他"是专找人间最不平的道路去走。人家不要的他要，人家不爱的他爱，人家越不爱的他越爱"。

学校其时正在闹风潮，教员之间很不和谐。郁达夫是以《沉沦》名世的新锐作家，上课又深受学生喜欢，自然容易遭人嫉恨。但他不以为意，又不拘形迹。还有一件事匪夷所思。教课之余，他到荒村野店乱跑，有一次到一家小店，硬要买下女店主头上的针，还要她腰里系的手帕，人家被他缠不过，都给了他。他带着这些，跑回自己屋内，用针刺破自己的面颊，让血流到手帕里，然后将头埋到手帕里陶醉。——这些在他的小说《茫茫夜》里有详细的记载。

贫贱夫妻百事哀

一个学期的教学任务完成，诗人回到上海，继续编辑和出版《创造》季刊，1922 年 3 月 1 日返回日本参加帝国大学的毕业考试，取得东京帝国大学经济科的学士学位。后想转入文科学部继续学习，因故未成，6 月回国。9 月，郁达夫第二次到安庆法政学校任教。他这次是偕同已经怀孕的夫人孙荃一道前往的。

他们在法政学校生活时是苦多于甜的。郁达夫经常向孙荃大发脾气：你去死！你死了我方有出头的日子。我辛辛苦苦，是为什么在这里做牛马的呀。要只有我一个人，我何处不可去，我何苦要在这死地方做苦工呢！只知道在家里坐食的你这行尸，你究竟是为了什么目的生存在这个世上的呀？

孙荃从来不还口，她总是一边擦着眼泪，一边拖着日益膨胀的肚子到厨下给郁达夫烧饭做菜；或者是默默地躺在床角里暗自流泪。

郁达夫骂了妻子后，又痛责自己："我在社会上虽是一个懦弱的受难者，在家庭内却是一个凶恶的暴君哪！"第一个男孩龙儿生下后，郁达夫在高兴之余，更多的是忧虑，因

郁达夫与孙荃、龙儿

而，他又向孙荃大骂起来："你和小孩是我的脚镣，我大约要为你们的缘故沉水而死的！"

1923 年 2 月，郁达夫终于辞去安庆教职回到上海。孙荃为了减轻郁达夫的压力，带着孩子回富阳老家了。郁达夫一个人到北京长兄郁曼陀家里小住。在北京期间，他见了鲁迅，并作了长谈，这是他们建立深厚友谊的起点。这年 7 月 15 日，他完成了《春风沉醉的晚上》，小说描写烟厂女工陈二妹，因同是"天涯沦落人"的缘故，与在外国留学回来的"我"住在同一个小阁楼上，两人发生了一段真诚而纯洁的友谊。小说比他早期写的充满着"性苦闷"的《沉沦》具有更多的"生的苦闷"的现实内容。10 月，受人推荐，郁达夫到北京大学担任讲师，教授统计学。

郁达夫到北大授课，是高兴而去，但因匆忙上阵，不久陷入了无限的苦闷之中。一是教统计学，枯燥无味；二是与妻儿不在一起，深感落寞；三是对于自己过去的文学上的信念和自己的作品产生了怀疑；四是贫穷，他在北大当讲师，薪酬不够开销，时常陷入困苦的折磨之中。诗人感叹："我是一个真正的零余者！"

在北京期间，郁达夫跟鲁迅的友谊愈来愈深厚。他还广泛接触太平洋社的人如徐志摩、陈西滢等，最后促成了创造社与太平洋社的合作，创办了现代出版史上的名刊《现代评论》。

1925 年 2 月，北京大学的石瑛要到武汉接任武昌师范大学的校长，他聘请郁达夫到该校任文科教授，郁达夫离开北京赴武昌。但由于校内新旧势力斗争过甚，诗人在武昌执教的五个月里，心情颇为不快，不过这段时间他颇为勤奋，撰写了三门课程的讲义，并先后出版。

鸦凤追随自惭形

1925 年 11 月底，郁达夫辞去武昌教职回到上海，跟郭沫若恢复出版《创造》和《洪水》等期刊，并建立出版部出版书籍。次年 2 月，郭沫若接到广东大学文科学长的聘书，郭邀郁一道到广东大学任教。到校授课后，学生们钦仰他的渊博知识和创作才华，师生相处十分融洽。不料 6 月初接孙荃来信，告知龙儿病重，郁达夫立即赶赴北京。待赶回家里时，龙儿因患脑膜炎死去，已经埋葬四天了。郁达夫伤心过度，在家里住了三个多月。10 月初，返回广州，这时广东大学改名为中山大学，郁达夫被改聘为法科院教授。当他把上半年寄存在学校里的几个书箱打开一看时，发现他非常喜爱的书籍被糟蹋尽了。他向来视书如命，书籍的受损，使他悲愤之极。可能是对南方生活的失望，11 月底，郁达夫向中山大学提出辞呈，经福建回上海。1927 年初，开始整顿创造社出版部，并主编《创造月刊》《洪水》等刊物。

这一年，国家发生了"四·一二"政变；在郁达夫的小家里，也发生了强烈的地震。

1927 年 1 月 7 日上午，郁达夫在内山书店遇见日本留学时的同学孙百刚。一周后，郁达夫到孙百刚家拜访。其时孙百刚的温州同事王映霞正借住在他家。

王映霞，本名金宝琴，从小过继给外祖父王二南，改姓王，名旭，字映霞。毕业于杭州省立女子师范学校。这一年，她 19 岁。

一次偶遇，立即生情。郁达夫的情感十分丰富，也阅人颇多，但真正电光火石般的激烈情感可能还没有发生过。如此倾心地爱一个人，在他可能还是第一次。

王映霞在学生时代看过郁达夫的小说《沉沦》，可能会钦佩郁达夫的才华，但她比较理性，希望有安稳富庶的生活；郁达夫则是流连诗酒的名士，宁愿为万卷书散尽千金，而不会为"求田问舍"攒下金钱。

孙百刚叫妻子打听王映霞的主意。王映霞只说了一句话："我看他可怜。"

孙百刚找到郁达夫，直言不讳地说："你倘若要和映霞结合，必须先毁了到如今为止是宁静平安、快乐完美的家庭，这于你是大大的损失。写小说，不妨不顾一切，热情奔放，轮到现实的切身大事，总应当用理智衡量一番。你倘若是爱她的，也应该顾全到她的前途和幸福。"

孙百刚又对王映霞说："人的感情是流动的。尤其像郁达夫那样的罗曼蒂克的文人，感情的流动性比任何人都大。何必一定要牺牲那位无辜的富阳太太，而来建筑你们的将来呢？何必一定要找一个像达夫那样，必须毁一个家，再来重建一个家的男人呢？”

其实恋爱中人是没法劝的，法海和尚没事找事，还惹得水漫金山。孙百刚语重心长也丝毫没有奏效。王映霞说："我怎么会愿意答应他呢，不过，我倘若断然拒绝他，结果非但不能解除他的烦恼，也许会招来意外。"

任是铁心肠也要纠结莫名，何况只是个 19 岁的姑娘。

这世间，凡是自发地去爱别人的人都要经历情感的炼狱，在征服爱情的过程中，可能会失去许多体面的、宝贵的东西，甚至生命，譬如安徒生笔下"海的女儿"；凡是被动地接受爱情，或者说被对方的爱情点燃的人，在情感领域里可能会少付出一些，会表现得理智一些，不是她不愿意付出，而是她的情感本来就不是自然生长的，其情感深度肯定不如那主动自发的一方，但也因此少了一份令人沉醉的情感的甘霖。

狂热地去爱对方的人，要么一往情深至死不悔，要么死缠烂打伤痕累累。被动接受爱情的人也会被主动征服者的情感巨澜带动，并裹挟其间，与之沉浮，最后被折腾得狼狈不已。这是关于郁王之恋的后话。

郁达夫现在不可能有这些思考，情人都是行动先于大脑的人。我们不想详细叙述这个过程中的征服、抗拒、欲拒还迎、欲迎还拒的种种艰苦表现，只看下面一封信就知道郁达夫是何等的投入和疯狂。

他们见面二十天后，郁达夫便给王映霞写了这样一封信：

王女士：

这半个月来的我的心境，荒芜得很，连夜的失眠……听说你的婚约将成，我也不愿意打散这件喜事，可是王女士，人生只有一次的婚姻，结婚与情爱，有微妙的关系，你但须想想当你结婚年余之后，就不得不日日作家庭的主妇或抱了小孩，袒胸哺乳等情形，我想你必能决定你现在所应走的路。你情愿做一个家庭的奴隶吗？你还是情愿做一个自由的女王？

郁达夫的这封信真是不可理喻。王映霞如若跟别人结婚（所谓婚约只是孙百刚编造的谎言），就会作"家庭主妇""袒胸哺乳"，成了女奴；那嫁给已有妻室的你凭什么就是"独立自由的女王"呢？郁达夫觉得"家庭主妇""袒胸哺乳"是爱情的坟墓，其实，一年之后，这一切不都要在自己家中变成现实嘛，王映霞怎么就相信了这些没有任何逻辑的"情话"呢？

很快，他们热恋了。在高热的恋情中，王映霞仍清醒地要求郁达夫离了婚娶她。郁达夫呢，一方面跟孙荃和儿女有感情，不愿抛弃他们；另一方面又被王映霞深深吸引。这期间诗人的日记写道：

我时时刻刻忘不了的映霞，也时时刻刻忘不了北京的儿女。一想起荃君的那种孤独怀远的悲哀，我就要流泪……我一边抱拥了映霞，在享很完美的恋爱的甜味，一边却在想北京的女人，呻吟于产褥上的光景。啊啊，人生的悲剧，恐怕将由我一人来独演了。

其实，独演悲剧的绝不是郁达夫，而是孙荃。孙带着极大的悲哀，带着郁达夫的儿女离京回到富阳老家，生活也陷入困顿之中。

3月，郁王的情感迅速升温。4月中旬，郁王之恋得到了王

郁达夫与王映霞

的外祖父和母亲的认同。6 月初举行了订婚仪式。次年元月，郁达夫在没有和孙荃离婚的情况下在上海和王映霞举行了婚礼。

郁达夫于 1927 年 9 月 1 日，将他与王映霞热恋期间写的《日记九种》公开出版。郁达夫可能想借用这种公之于众的方式为他们的爱情"立此存照"，未料不但没有给王映霞带来惊喜，反而有了不快。王映霞说："他觉得光用公开的仪式似嫌重力不够，这样地将生活细节公布于众，我就不能再作漏网之鱼……我则为此而不快了好几天。"

出版恋爱日记和情书是当时的风尚，徐志摩陆小曼如此，鲁迅许广平也未能免俗。一般都是夫唱妇随，但在郁达夫这里，又出问题了。一个深情投注，不拘形迹，高歌自己的爱情，大胆袒露心路历程；一个心思婉曲，瞻前顾后，不愿授柄于人。接受爱情的王，在情感深度和个性特征方面，与发出爱情的郁远不是一路人，他们的爱情注定了多灾多难。婚前这一矛盾暴露了两人个性的巨大差异，但郁达夫没把这当回事。

此间，郁达夫和梁实秋打了一次笔墨官司，梁实秋借题发挥，发表了一篇《文人有行》，文章批评某些文人沾染了中国传统文人的不良嗜好，如"纵酒""狎妓""放荡不羁"，同时又添加了西方堕落文人的恶习，如"色情狂""被迫狂""显示狂"等，其实是"无行的文人中之最无行者"。梁文最后得出结论："要做文人，先要做人。"梁实秋文章的观点无可厚非，但郁达夫看后很郁闷，他的毛病多少被梁说中了一些。

郁达夫和王映霞婚后住在赫德路（今常德路）嘉禾里。我上下班都要经过这里，有时我不免要朝里望一望，当然，里面早就面目全非。郁达夫是我十几岁时候就喜欢的作家，他的名作《故都的秋》和《江南的冬景》一直是语文教材的名篇，清丽的文笔影响了好几代学子。二十多年前我看王映霞写的关于郁达夫的文字时就常常废书而叹，他们，怎么会闹成这样？现在我写这篇文章的时候，也在试图回答这个问题。

他们结婚之初的生活颇为清苦。郁达夫尽力写作以换取稿费。王映霞下决心学会做厨下的一切事情。郁达夫结束了到烟花场中排泄苦闷的旧习，精神振作了一段时间。如果一直这样下去，两人倒有可能变成一对模范佳偶。

有些人不会把闺房之事拿出来与大家分享，同样，他们家庭的苦辛，爱情的挣扎，外人永远不明就里，当然外人本来也不必明其就里。所以，他们到底是佳偶还是怨偶，当时的人都未必清楚，后来的人就更不知道了。譬如周作人和羽太信子。但是郁达夫明知某些闺房乐趣或苦痛"不足为外人道"，还是忍不住拿出来向全世界发表。这样一来，苦痛或者欢乐都被放大了，也因此多了关注的眼光，他们的言行有时就陷于被动了。

还有，一个对某种事情有狂热兴趣的人，譬如对足球、诗歌，甚至对烟酒、赌博，这种人的个性多半是不平衡的，偏执的。这份偏执的激情常常成就了或毁灭了他们。艺术家基本就是这类人。我们可以在书里阅读一百年前一万里外的诗人的名篇佳构，如果他们真的住在我们楼上，可能还真受不了呢。所以，无论怎样，我们不要轻易埋怨成日生活在他们身边的亲人，认为这些亲人对天才不够尊重。

郁达夫与王映霞

如果双方都是追求自由的、放浪形骸、具有诗人气质的人，他们的爱情更难幸福。只有一种情况会稍微好一点，那就是，妻子像母亲一样爱着丈夫，包容他的一切过失，就像谢烨对于顾城，虽然最后仍是惨烈的结局。或者妻子非常尊重爱戴丈夫，而丈夫有足够的学养、高尚的人品，能保障妻子的安全和幸福，譬如鲁迅和许广平。在文学家中，后面这样的例子并不多见。

1929 年 7 月下旬的一天，二哥郁养吾从富阳来到郁达夫家里，王映霞准备了酒菜招待他。兄弟俩喝酒喝到微醺时，王映霞劝他们不要再喝了，郁达夫一言不合就走出家门。第二天天黑时王映霞才收到郁达夫从宁波发出的电报，说他的钱和手表被人窃去了，要王映霞马上送 100 元去宁波。王映霞将自己结婚时母亲赠给的首饰当了 100 元钱，到宁波找到了他。这是第一次。

1930 年 2 月 10 日，郁达夫又因为王映霞要他少喝酒而生气出走。他这次出走，是跑回富阳老家小住，至 2 月 17 日才返回上海。那时孙荃并没有和郁达夫离婚，他们还是夫妇关系。他这次回富阳看望孙荃和孩子，对郁达夫来说是合乎情理的事情。但是在王映霞看来自然是无法饶恕的过错。

王映霞天性慎重，处事精明，不像郁达夫那样做事完全不顾后果。这一次，她没有与郁达夫吵闹，而是立即写了一信，请他的外祖父从杭州赶来上海。老人家跟郁达夫谈了一个晚上。第二天，请来律师和北新书局经理，郁达夫亲笔写了一式三份的"版权赠与书"，将自己一些著作的版权赠与王映霞。

夫妻财产本来就是双方共享的，王映霞借助外祖父之力"胁迫"丈夫将部分著作的版权"赠与"自己，有人可能认为这个女人太会算计了。但另一方面，如果丈夫不能给自己情感和经济上的安全感——因为郁达夫还另有妻室，且用钱没有计划，常常使得家庭困顿——妻子应该有维护自己权益的权利。

疯狂的热恋才过去三年，两人的关系就变成了这样的"算计"，郁达夫心里是怎么想的呢？

偕隐名山难白头

郁达夫在《住所的话》中说：

> 自以为青山到处可埋骨的漂泊惯的流人，一到了中年，也颇以没有一个归宿为可虑：近来常常有求田问舍之心，在看书倦了之后，或夜半醒来第二次再也睡不着的枕上，尤其是春雨潇潇的暮春，或风吹枯木的秋晚，看看天空，每会作赏雨茅屋及江南黄叶村舍的梦想……

1933 年初，郁达夫和王映霞几经商量，于 4 月移家杭州。

5 月 14 日，作家丁玲被逮捕，不久，"民权保障同盟"执行委员兼总干事杨杏佛被暗杀。郁达夫是"民权保障同盟"上海分会执行委员，也在被秘密通缉之中。5 月 23 日，他与蔡元培、叶圣陶等 38 人，联名打电报给国民党政府行政院长汪精卫，抗议

王映霞

逮捕作家丁玲，并要求立即释放。

移家杭州后，郁达夫的精神生活颇为寂寞。为了避免"祸从口出，惹是生非"，1933 年 11 月至 1935 年间，郁达夫游览了许多名山胜景，写了大量的游记散文。这段时间的游记结集为《屐痕处处》出版。

1935 年初，他们买下 30 亩山地，准备建造"风雨茅庐"。郁达夫这次造屋，原来是想建一幢名副其实的"风雨茅庐"的，而建成后的房子却是地地道道的"洋房"。郁达夫重在一种精神上的寄托，王映霞则考虑到夫妇一旦反目，自己能有这房产权，特地将一块由郁达夫亲笔写着"王旭界"三个字的界石，安放在西面墙脚上。这件事同上边说到的"版权赠与"事件一脉相承，颇堪玩味。

在杭期间，王映霞生下了第三个男孩。房子建好之后，王映霞对家庭生活十分满意，出入交际场合，如鱼得水。王映霞要的是一种安稳富足的生活，可郁达夫却是另一种心情，他曾对人说："我在杭州住了几天，觉得杭州这地方真太沉闷……"

王映霞对外面发生的国家大事没有什么兴趣。建房过程中，许多事是她操持的，包括借助省教育厅厅长许绍棣的力量。经历了一些情感波折，这两个精神世界交汇点原本不多的人，没有去设法弥合情感裂痕，仍然按照各自的个性和处世方式生活，心灵越走越远。如此隔膜的一对人，能在"风雨茅庐"终老吗？

1936 年 2 月 7 日，"风雨茅庐"临近建成之时，郁达夫接到福建省主席陈仪的委任状，随即前去报到。4 月，王映霞来信说

"风雨茅庐"已落成，月底，郁达夫便向福建省政府告假，回杭州小住。5月1日全家迁入"风雨茅庐"。5月4日郁达夫离开杭州，回福州尽职。

这里的时间值得注意，为了爱情不惜牺牲一切的郁达夫，得到爱人后，生活并没有他想象的幸福，这可能与两人的个性和精神追求有关系。不管怎样，两人应该珍惜共同生活的机会，世乱飘荡导致的劳燕分飞是迫不得已，可是从上海避居杭州之后，郁达夫并不满足于家庭生活，一方面跟他充沛的创造力有关，另一方面，可能与爱情走到尽头也有关系。按理说，"风雨茅庐"的落成对他来说是一件十分快乐的事，但他在落成前夕远赴福建，落成以后，回家只待了不到三天时间。福建省政府有许多公务等着他去处理吗？他只是一个小小的公报室主任，是闲职啊。

还有，这年8月间，郁达夫得知鲁迅患病，特地前往上海探望。9月间，王映霞于"风雨茅庐"生下第四个男孩时，郁达夫却未曾回家看望。两相对比，表明郁达夫对鲁迅的确怀有非同寻常的感情。但是妻子生产，丈夫居然不回家看看，想想九年前他给王的书信，以王和别人结婚之后"就不得不日日作家庭的主妇或抱了小孩，袒胸哺乳"等情形来"恐吓"19岁的王映霞，谁知道嫁给他比这还要不堪呢！

郁达夫虽则言行异于普通人，但对妻子如此冷漠当另有原因。

此后不久是鲁迅的逝世，郁达夫从福建赶赴上海参加葬仪丧事。11月，受国民党政府之邀，赴日本邀请郭沫若回国参加抗战，年底回国。1937年元月，郁达夫打电报叫王映霞来闽。王映霞于3月底携带次子郁云来到福州。王映霞在郁达夫日记中看到

"女子太能干，有时也会成祸水"的话，心中很不舒服，但她还是跟随郁达夫游览了福州名胜。王映霞因留恋"风雨茅庐"，于4月28日离闽回杭。

郁达夫在日记中这样写王映霞不会毫无根由。王映霞在福建待了不到一个月就匆匆赶回杭州也该是事出有因。

香残心篆看全灰

1937年是多事之秋。先是"七·七"卢沟桥事变，后是爆发了"八·一三"淞沪抗战。9月23日，两党联合抗日。郁达夫在福建全身投入宣传抗战，杭州局势变得颇为危急。王映霞便携带母亲和孩子离开杭州，先后转移到金华、丽水。郁达夫的母亲在故乡冻饿而死。

11月，日军占领上海，12月攻陷南京。国民政府被迫迁都重庆，军事委员会暂迁武汉。政治部共设三个厅，其中第三厅负责宣传工作，由郭沫若担任厅长，下设三个处，郭沫若邀请郁达夫担任第三厅设计委员，少将军衔。

1938年4月6日，台儿庄战役告捷，郁达夫奉命前往台儿庄等抗日前线，慰劳官兵和巡视战地防务。6月底，郁达夫等人又去浙东与皖南前线视察，7月初返回武汉。

从1936年到1938年，郁王两人的矛盾已经升级。

郁达夫与王映霞对家庭破裂各自有一套说法，各种传记都在试图解释这段不幸的故事。我查阅二十多个版本的传记，觉得许多都是偷窥和臆测。事隔多年，且又是极为隐秘的私事，后人实难明白真相。事发当年，两人就有文字官司，四十年后，郁达夫尸骨无存的情况下，王映霞对这段旧事又做了辩解。是非曲直，实难评说，为了尊重历史，我们只能还原一些基本资料，由读者自行判断。

1939 年元月，郁达夫应香港《大风》旬刊编者之约，从自己 1936 年到 1938 年间写的诗中，选出 19 首诗和 1 首词，加注编成《毁家诗纪》。从这些诗词及注释来看，郁达夫认为王映霞的确曾与浙江省教育厅长许绍棣在丽水同居。郁心里十分痛苦，离开大陆到新加坡就是为了忘记这奇耻大辱。王映霞则说这是根本没有的事，她解释说，许当时刚死了妻子，她是将孙多慈介绍给许才跟对方接触的。

郁检点过去与王的婚姻生活，十年中从没有两个月以上的离别。但 1936 年之后情形就变了。王留在杭州，不愿随他到福州。上文说到的 1937 年 4 月邀约王前来，王匆匆又离去，其时，郁已听到不少关于王和许的风言风语，内心苦痛不堪。这一年从 5 月到 8 月，郁确认王的心思根本不在自己身上，王明确告诉他，之所以要离开他就是因为他多年不治产业。郁认为，王的倾心于许是因为许乃省教育行政最高长官，满足了她的虚荣。据郁注释，王与许同居一段时间后，许又移情别恋，王失望后才回到自己身边，决定痛改前非，最后与他一起出国。

爱情走到尽头就是分手。就算是背叛，也是事出有因。郁的才华没有给王带来足够的荣誉和财富，没有给王以安全感；同时王无法理解郁的嗜书嗜酒如命，无法赏识珍爱他的才华，无法原谅他的才子性情；那么，王作为一个普通女性，在动荡穷困的生活之后，去寻找她钦慕的对象，也是可以理解的。许绍棣有没有乘人之危那是他的品格问题，与王没有关系。从王后半生的经历来看，她不是一个轻浮的人，在和郁达夫分手之后，她嫁给了轮船公司的钟先生，生下几个孩子，这些孩子解放后分别考上了北大和复旦，王映霞幸福地度过了后半生。

郁达夫将这些诗歌发表并加上以上的注释实在是匪夷所思。不过，诗人的行径本身就不可以常理论。郁达夫发表这些诗歌仅仅是出于文人对自己作品的偏爱吗？或者他是想为自己出一口恶气？我们设身处地替王映霞着想，那实在是令人难堪的事。他为什么要暴露自己的爱人？是和当年出版《日记九种》一样的心理，让王映霞再也不离开他吗？错了啊，诗人！

郁达夫在男人世界是一条好汉，他摆平过鲁迅与林语堂的矛盾，他解救沈从文于水火中，给沈从文一辈子的温暖，他是一个好爷们！怎么这样不懂女人的心呢？怎么对自己的爱人赶尽杀绝呢？只有一个解释，他也想解脱了。

1940 年 3 月，他们终于协议离婚。王映霞 5 月离开新加坡经香港回国。郁达夫一直认为王映霞确实与许绍棣有私情，但从他后来的诗作《寄王映霞》可以看出，他对王本人仍不无怀念之心：

> 大堤杨柳记依依，此去离多会自稀。秋雨茂陵人独宿，凯风棘野雉双飞。纵无七子为哀杜，犹有三春各恋晖。愁听灯前谈笑语，阿娘真个几时归。

郁达夫一生，值得说的有他的小说、散文（特别是游记），还有他的古诗，现代文学史上自有他重要的地位。但作为一个普通人，他的儿女私情，更是让人不胜唏嘘。这也是我日日走过他当年的居处时总要探头一望的原因。

郁达夫作品入选语文教材的有《故都的秋》《江南的冬景》。

萧红 风飒飒兮木萧萧

　　《火烧云》《祖父和我》《呼兰河传》《回忆鲁迅先生》……从小学到高中，从课内到课外，从必修到选修，语文教材如此频繁地选用一位作家的文章，可见其人其文地位之重要。

　　其实，热情激越的萧红一辈子过的是寂寞生活，其作品显示的卓越才情和普通文学史对她的忽略两相对照，让人不由生出叹惋之情。不要说大陆过去出版的文学史，就连"发现"钱钟书、张爱玲、沈从文的美国学者夏志清在他的文学史中对萧红也鲜有论及。近些年来，论及萧红作品的文章出现了不少，萧红传记也不断"推陈出新"，算是对享年仅 31 载的作家的深情怀念。

　　萧红故居，坐落在哈尔滨市松花江北的呼兰区城南二道街204 号，距离哈尔滨市 28 公里。这所房子始建于 1908 年。窗户裱糊北方特有的窗户纸，室内是北方人离不开的炕。院内有一座

2 米高的汉白玉萧
红塑像。

故居里的萧红塑像

萧红，本名张
迺莹，1911 年 6 月
1 日出生于哈尔滨。
这一天是农历五月
初五。按中国古代
的说法，五月初五
是两个阳数（单数
为阳）的叠加，阳气极旺。从节气的角度看，端午节也是万物阳
气旺盛的时候，百虫滋生，百姓有在居所附近撒雄黄（杀虫）的
习俗。传统习俗还认为，这一天生的孩子不吉祥。萧红从出生的
那一天起就被打上了"原罪"的烙印。在她身后，许多无聊的传
记还喋喋不休地讨论她的生日到底是 6 月 1 日还是 6 月 2 日。一
个 20 世纪的作家，生平变得这么模糊，也预示了她命运的坎坷
和生涯的寂寞。

《手》：求学时代的一个侧影

午餐的桌上，那青色的手已经抓到了馒头，她还想着
"地理"课本："墨西哥产白银……云南……唔，云南的大
理石。"

夜里她躲在厕所里边读书，天将明的时候，她就坐在楼
梯口。只要有一点光亮的地方，我常遇到过她。有一天落着

大雪的早晨，窗外的树枝挂着白绒似的穗头，在宿舍的那边，长筒过道的尽头，窗台上似乎有人睡在那里了。

"谁呢？这地方多么凉！"我的皮鞋拍打着地板，发出一种空洞洞的嗡声，因是星期日的早晨，全个学校出现在特有的安宁里。一部分的同学在化着装；一部分的同学还睡在眠床上。

还没走到她的旁边，我看到那摊在膝头上的书页被风翻动着。

"这是谁呢？礼拜日还这样用功！"正要唤醒她，忽然看到那青色的手了。

……

早晨，太阳停在颤抖的挂着雪的树枝上面，鸟雀刚出巢的时候，她的父亲来了。停在楼梯口，他放下肩上背来的大毡靴，他用围着脖子的白毛巾将去胡须上的冰溜："你落了榜吗？你……"冰溜在楼梯上溶成小小的水珠。

"没有，还没考试，校长告诉我，说我不用考啦，不能及格的……"

这是萧红 1936 年 3 月创作的小说《手》中的片段。小说回忆了几年前的求学生活，叙述一个染坊主的女儿王亚明，因为染布落得一双青色的手，家境贫寒，成绩又差，受到同学和老师的歧视，在污蔑的眼光里艰难求学，最终失败退学的故事。"我"同情她的遭遇，对她的种种苦况却也无能为力。

这是萧红写得较早的一篇小说，文中年轻的"新学生"和他们的祖辈一样，缺乏爱、没有温情，对弱者永远冷漠、冷酷。这似乎是萧红作品的一个基调，尖锐深刻的眼光，冷静甚至刻薄的解剖。

　　在留有萧红学生时代生活印记的作品中，《手》是很重要的一篇。今天，一些大学语文教材还收入这篇文章。萧红有着比较殷实的家境，相较于有着一双青色的手而饱受蔑视的王亚明，她的学生生活应该愉快得多。1925 年，萧红到呼兰第一女子高小读书；1927 年，到哈尔滨读中学。

　　萧红幼年丧母，父亲是黑龙江省教育厅的秘书，在社会上是谦谦君子，在家庭里却比较专制。只有祖父特别疼爱她。后院的花草虫子和祖父的童话，是她童年唯一的快乐，也是她一生不断溯源的精神滋养。1928 年的寒假期间，家人给时年 18 岁的萧红订下了一桩亲事。男方是出身富户、师范毕业、相貌堂堂的王恩甲（一说姓"汪"），萧红与对方见面，没有表示异议。订婚后，萧红与王恩甲有过一段时间的亲密交往。不过，这些生活在她的作品里几无踪迹。

　　天性敏感的人最易孤独，萧红比别人更渴望友情，渴望得到关心，她的心永远是躁动的。在与王恩甲交往的同时，她身边出现了另一个

萧红的祖父张维祯（左）与父亲张选三（右）

人——当时已有妻室的陆哲舜。陆哲舜许诺带她到北平上学。萧红的笔下，有着青色手的王亚明是不幸的"差生"；相较于更为广阔的世界，萧红觉得自己也是井底之蛙。出类拔萃的人总是永不满足。1930 年上半年，萧红向父亲提出到北平上学和解除婚约

的想法。订婚之初，萧红没有不满意王恩甲，现在与一位有妇之夫过从甚密，提出解除婚约的要求，自认有着清白门风的父亲不能接受。萧红反叛的性格把父亲和继母一下子推到了自己的对立面。继母无奈，请来萧红生母的弟弟，也就是萧红的大舅来劝教，萧红拿着菜刀从厨房里冲出来要和大舅拼命。

已有妻室的陆哲舜应该多一份理性。他不知道萧红对他的依赖并非儿女之情，只是想借助他到北平读书。可是，陆哲舜爱上了萧红。他先从哈尔滨退学到北平上学，为萧红到北平上学打好前站。一系列过激的行为之后，1930 年暑假，倔强的萧红做了一个聪明的选择。为了到北平上学，她在父母面前假装妥协，答应不解除婚约。家里给了她一大笔钱。她还借此置办了不少漂亮的衣服。对于穿着，萧红有着天生的敏感，她那篇广为人知的《回忆鲁迅先生》里记载过鲁迅先生对她衣着的评价，曾让她大开眼界。其实，天性爱美的萧红在生活中不乏打扮的天赋，在作品中也是这样，从《小城三月》里对翠姨的描写可见一斑。

《小城三月》：故乡短暂的青春记忆

在我的家乡那里，春天是快的，五天不出屋，树发芽了，再过五天不看树，树长叶了，再过五天，这树就像绿得使人不认识它了。使人想，这棵树，就是前天的那棵树吗？

……春天就像跑的那么快。好像人能够看见似的，春天从老远的地方跑来了，跑到这个地方只向人的耳朵吹一句小小的声音"我来了呵"，而后很快地就跑过去了。

　　春，好像它不知多么忙迫，好像无论什么地方都在招呼它，假若它晚到一刻，阳光会变色的，大地会干成石头，尤其是树木，那真是好像再多一刻工夫也不能忍耐，假若春天稍稍在什么地方留连了一下，就会误了不少的生命。

　　……春天的命运就是这么短。

年轻的姑娘们，她们三两成双，坐着马车，去选择衣料去了，因为就要换春装了。

她们热心地弄着剪刀，打着衣样，想装成自己心中想得出的那么好，她们白天黑夜地忙着，不久春装换起来了，只是不见载着翠姨的马车来。

《小城三月》写的是情感无法自主的翠姨的故事。"春天的命运就是这么短"，"春天稍稍在什么地方留连了一下，就会误了不少的生命"，翠姨所爱不能遂愿，郁郁而终，"翠姨坟头的草籽已经发芽了，……坟头显出淡淡的青色，常常会有白色的山羊跑过"。

美丽的夭亡埋葬了多少深邃的情感，但脆弱的个体在命运面前总是无可如何。我们无法猜测萧红早年的真实心路历程，但从她叙述别人的情感故事里也能看出她对青春匆遽的无限感喟。

1930年9月新学期开学时，萧红在北平的女师大附中读书了。她和陆哲舜住在一个独院子里，对外称是甥舅关系。陆哲舜写信回家要和妻子离婚。萧红没有接纳他。萧红嘲弄了故乡古朴的民风。父亲和整个家族陷入了舆论的漩涡。父亲由于教子不严被贬职，张家子弟受不了舆论压力，纷纷转学，离开故乡。这些英勇的为自由奋战的小儿女都有一个致命的弱点，他们寄身于家族丰厚的财力上反抗家族，一旦家族断了经济来源，所有斗志立即土崩瓦解。由于双方家庭的压力，仅仅一个学期，1930 年底，陆哲舜收拾行装回去了。萧红怨恨这个曾经豪情万丈的懦弱男人。她也只得回哈尔滨了。

幸运的是王恩甲知道她要回来，连忙赶到北平将她接回，安排在哈尔滨道外区东兴顺旅馆。两人在旅馆里度过了一段平静的日子。1931 年初春，新学期开学，萧红说服王恩甲和她一起到北平上学。不料，王恩甲和萧红同居的行为也遭到了王家的强烈反对。王家恨王恩甲懦弱无能、辱没家门，断了王恩甲的经济来源，并且主动和萧红解除婚约。

张家又将女儿接回呼兰老家软禁起来。在陆哲舜的帮助下，萧红于 1931 年 2 月底从呼兰逃回了北平。不久，王恩甲居然也追到了北平。两人在北平待了一个月，王恩甲不支持萧红的求学梦。萧红没有经济支援，3 月末又回到了呼兰老家。这时的萧红，心灰意懒，求学梦彻底破灭。

父亲让萧红的继母带着萧红住到张家的发源地。这个地方很偏僻，父亲以为这样可以让女儿从此安定下来。谁料这年 10 月，萧红又一次出逃。从此，她切断了与家族的联系，一直流浪，直至生命终结。父亲盛怒之下开除其族籍，并严厉告诫萧红的弟弟不得与姐姐有任何来往。几年后父女在哈尔滨街头相遇，彼此视同路人。另一位稍微晚出的女作家张爱玲，童年也有着与萧红相似的遭遇，后来与父亲也是老死不相往来。个人感情上，张爱玲发现所爱非人后能够顿悟，随即彻底断念；而萧红则一直在情感的泥淖里挣扎，一直暧昧迁延糊涂，酿成终身不幸。两人杰出的作品也因此风格各异。

刚到哈尔滨是 10 月天气。不久，严寒的冬季来临。这一次是彻底失去了经济支持。她想过做女工，但没有去做；她到同学家蹭饭，受尽屈辱。最后，她在冻饿欲毙时被一暗娼收留。萧红在万般无奈之下，能找到的人还是王恩甲。王恩甲瞒着家庭仍然接纳了她。两人又住到了一年前住过的东兴顺旅馆。从 1930 年 9 月到 1931 年 10 月，短短一年间，萧红经历了青春期的躁动与抗争，离开了并无温暖的家庭。

萧红不像无知无识的翠姨，她能到哈尔滨、北平上学，她可以选择自己的情感对象，但是，她的情感世界仍是一片荒凉。

《商事街》：二萧甜蜜而苦难的恋情

1932 年 5 月，王恩甲由于家庭原因不辞而别。其时萧红已怀上了王恩甲的孩子，加上哈尔滨正发大水，她向报馆求告。萧军正代主编处理来稿，了解了萧红的窘境。7 月 12 日，萧军前来看望，一见之下，点燃激情。这是外人难以理解的一段惊世骇俗的爱情。虽然它的瞬间燃烧有些出人意料，但是，凡是真诚的情感，我们都应以敬重的心情去理解它。

萧军比萧红大四岁，行伍出身，爱好文学，性情爽直，热情浪漫。萧军初见萧红，可能更多的是怜悯，但很快被对方的谈吐所吸引。萧红经历了懦弱的陆哲舜、平庸的王恩甲，见到粗豪的萧军，正暗合内心对男性的企望，两人很快产生不可遏止的激情。

不久，萧红与萧军同居。

但是等着他们的不是什么幸福的日子。

火炉烧起又灭，灭了再弄着，灭到第三次，我恼了！我再不能抑止我的愤怒，我想冻死吧，饿死吧，火也点不着，饭也烧不熟……

烧晚饭时，只剩一块木柈，一块木柈怎么能生火呢……

脱掉袜子，腿在被子里面团蜷着。想要把自己的脚放到自己肚子上面暖一暖，但是不可能，腿生得太长了，实在感到不便，腿实在是无用。在被子里面也要颤抖似的……

第二天，仍是一块木柈。他说，借吧……有了木柈，还没有米，等什么？越等越饿。他教完武术，又跑出去借钱，等他借了钱买了一大块厚饼回来，木柈又只剩了一块。这可怎么办？晚饭又不能吃。

这篇《最末的一块木柈》记载的是她和萧军的真实生活。这一时期的散文后来收入散文集《商市街》。在这本散文集里，我们经常会读到萧红在饿得受不了的冬夜"用刷牙缸装一些冷水来喝"。在《他去追求职业》《家庭教师》这些文章里，她常常提到爱人出去借钱或是找工作。她自己宛如可怜的小猫，在家里饿着肚子，看着对门的邻居打开门接过送外卖的手中的美味，伤心着急地等待着爱人能快回来，带来可吃的东西。

萧红和萧军

在哈尔滨的流浪生活中，长期受到饥饿的威胁，在《提篮者》中，她写面包怎样吸引她，但是"挤满面包的大篮子又等在过道，我始终没推开门，门外有别人在买，即是不开门我也好像嗅到麦香。对面包我害怕起来，不是我想吃面包，怕是面包要吞了我"。在《饿》里，她甚至写到饥饿得实在难以忍耐的时候，想要去偷，"肚子好像被踢打放了气的皮球"，她对着空荡荡的屋子，发出了"我拿什么来喂肚子呢？桌子可以吃吗？草褥子可以吃吗"的哀叹。

也会回忆起童年，却也没有什么温暖的记忆。只是记得祖父一边哄她一边说要快快长大，长大就不会这样苦了。哪知真的长大去了外面的世界，却是更加饥寒交迫的生活。

1932 年 8 月底，贫病交加中的萧红生下一个女婴，萧军一直在旁伺候。孩子生下后，22 岁初为人母的萧红拒绝与女儿见面。几天后，一个妇人将婴儿抱走，从此杳无音信。萧红拒绝看一眼女儿，是否意味着她要彻底割裂与过去的联系呢？

生活相当贫苦，他们好不容易组建的小家也时刻处于动荡之中。一位漂亮时尚，俄语流利，生活优裕的少女闯进了萧军的生活。这个女孩在萧红的笔下叫汪林，是房东的女儿。

在收入《商市街》里的散文《夏夜》里，萧红写道：

汪林在院心坐了很长的时间了。小狗在她的脚下打着滚睡了……

夜晚又是在院心乘凉，我的胳臂为着摇船而痛了，头觉得发胀。我不能再听那一些话感到趣味。什么恋爱啦，谁的未婚夫怎样啦，某某同学结婚，跳舞……我什么也不听了，只是想睡。

"你们谈吧。我可非睡觉不可。"我向她和郎华告辞。

睡在我脚下的小狗，我误踏了它，小狗还在狺狺地叫着，我就关了门……只要接近着床，我什么全忘了。汪林那红色的嘴，那少女的烦闷……夜夜我不知道郎华什么时候回屋来睡觉。就这样，我不知过了几天了。

"她对我要好，真是……少女们。"

"谁呢？"

"那你还不知道！"

"我还不知道。"我其实知道。

很穷的家庭教师，那样好看的有钱的女人竟向他要好了。

"我坦白地对她说了：我们不能够相爱的，一方面有吟，一方面我们彼此相差得太远……你沉静点吧……"他告诉我。

文中的"郎华"就是萧军，"吟"则是萧红，萧红曾用过"悄吟"的笔名。

萧红用跳跃的文笔，节制的叙述，清晰地再现了萧军和汪林之间发生的一切。萧红纯粹真切地爱着萧军，萧军辜负了她的一片真情。萧红在与萧军多年的情感熬煎中，写下这些追忆性的文字，心情一定是沉痛的。不过，粗看上去，云淡风轻。萧红追怀往事，表达了她对商市街的生活无比珍视和怀念，也表现了她对萧军的深情。1941 年底，香港陷落，孤苦无依、病入膏肓的萧红对身边的人说："倘若萧军还在重庆，我写了信去，他一定会赶来救我吧。"萧红终生未能忘情于萧军。

萧军和萧红两人性格差异太大，一个粗糙尚武，一个细腻柔弱。萧军长时间外出赚钱糊口，留下萧红独守空房，有家也似无家，彼此缺乏沟通交流，萧红的情感一直处于极度匮乏状态。萧红曾和朋友说：

失望和寂寞，虽然吃着烧饼，也好像饿倒下来。

在思想是个同志，又一同在患难中挣扎过来的！可是做他的妻子却太痛苦了！我不知道你们男子为什么那么大的脾气，为什么要拿自己的妻子做出气包，为什么要对自己的妻子不忠实！忍受屈辱，已经太久了……

萧红写《商市街》时，除了忆旧，应是有所寄托的，那就是希望萧军也能像自己一样珍重感情、不负初衷。可惜，流水落花，当事人无可如何，外人也不好做什么评判。

萧红一直渴望稳定的坚实的爱。她现在还不明白，其实这样的爱根本不存在。在爱的领域，总是此消彼长，此长彼消。王恩甲曾经对她一往情深，她不爱王恩甲；陆哲舜为她疯狂了一阵子，她也不为所动。她遇到了萧军，以为萧军是她的真命天子，但萧军可以一夕之间对她激情澎湃，也会在别的青春靓丽的女孩子身上一再上演他源源不断的痴情。萧红对萧军身边出现的年轻女子充满了醋意。萧军永远春风得意。虽然那些走马灯似的女子只是为了新鲜才对萧军表示兴趣，萧红也知道那些小姐不可能对贫困的萧军有真实的情意，不过，萧军只是需要一个情感倾泻的对象，并不像萧红，要的是长久相依。

1934 年 6 月，萧红萧军离开哈尔滨来到青岛。萧军在 10 月写完他的长篇小说《八月的乡村》。这个月，他俩给鲁迅先生写了一封信。先生很快回信。11 月，他们来到上海，不久与鲁迅先生结识，经先生推介，二人步入上海文坛。

在鲁迅的支持下，《生死场》于 1935 年 12 月由上海出版，鲁迅亲自为它写序。先生的序言是这样写的：

这本稿子的到了我的桌上，已是今年的春天，我早重回闸北……但却看见了五年以前，以及更早的哈尔滨。这自然还不过是略图，叙事和写景，胜于人物的描写，然而北方人民的对于生的坚强，对于死的挣扎，却往往已经力透纸背；女性作者的细致的观察和越轨的笔致，又增加了不少明丽和新鲜。

1935 年，由于鲁迅先生的大力奖掖，萧红逐步在上海文坛立住脚跟，一直处于饥饿流亡状态的萧红终于衣食无虞了。

这对患难知己本应该从此走上生活和事业的坦途，可是，情感和个性的差异总是让生活像脱缰野马，又如平地泄水，从来不按良好的愿望稳步向前。

1936 年初，萧军又与一些年轻女子在情感上牵牵绊绊，萧红十分敏感，她要的是情感的纯粹与忠诚。萧军不能给她。萧红的情绪开始变坏。为了让两人的情感不至于走进死胡同，他们决定分开一阵子。萧红于 1936 年夏天只身东渡日本。鲁迅先生设宴送行。

遗憾的是，空间的分离没能医治萧红的感情之伤。她仍然无限思念萧军。书信不断，牵挂不已。陌生的异国，平添更深重的寂寞。

萧军在萧红远走日本后，又有了新的情感对象。萧军性格粗豪，拿得起放得下。这一次他的情感对象是他密友的妻子，且使对方怀孕。同时，他对萧红是有信必复，扮演着多情三郎（三郎是萧军的笔名）的角色。一直到萧红临回国，他才遮遮掩掩地说起这段故事。

1936 年 10 月，鲁迅先生去世。萧红在日本听到噩耗，十分悲痛。鲁迅先生长萧红三十岁，在萧红的记忆里，先生一直像长辈一样关爱着她，先生不在了，萧红觉得精神上再无依托。萧红饱蘸激情，写下了追念文章之最具个性的《回忆鲁迅先生》，长达两万余字，成为现代文学史上的散文名篇。

1937 年 1 月，在日本只待了半年的萧红启程回国。

本来分开是为了各自反省，谁知萧军我行我素，变本加厉。无论萧军在这一次风花雪月的故事里是不是真爱，他都无法对萧红交代。既然他的爱的哲学是"爱就爱，不爱就丢开"，作为身上有勇武之气的男子，他如果不爱萧红，为什么还要态度暧昧地在朋友圈里冒充"情圣"呢？

萧红忍受了不能忍受的痛苦，萧军还对她饱以老拳。萧红在友人面前说被萧军打青的眼圈是自己不小心碰的，萧军大声说，碰什么碰，是我揍的。一句话说得众人面面相觑。

爱一个值得爱的人，坚守自己的情感底线，为自己而活着——这些意识在今天的都市女性身上已是基本共识，但萧红似乎还沉溺在对萧军的深深的依赖中。是爱得太深，还是个性发展不够成熟？或者，一个人的成长经历决定了他的情感模式，外人说什么都是隔靴搔痒。

如果萧红一往情深、死心塌地爱着这个虚幻的对象，其悲剧气息也足以打动芸芸众生，可不久的将来，一切局面又奇迹般被打乱，让后人"读其书，想见其为人"时一再茫然无措。

《生死场》《呼兰河传》之后：赍志而没的憾恨

回国后，在上海待了一段时间，心绪难平。萧军要照顾流产的情人，情人的丈夫还要和二萧保持朋友的身份，要在文艺圈子里保持体面。萧红受不了这种扭曲的情感，1937年春天，她到北平寻找求学时代的影子，平复伤痕累累的内心。一个月后，重返上海。不久，"七七事变"爆发。胡风、艾青等人与二萧创办抗战文艺刊物，因"七七事变"而命名为《七月》。在杂志筹备会上，萧红认识了另一个东北作家，小萧红一岁、出身富家的端木蕻良（本名曹京平）。

"九一八事变"后，二萧与端木从上海逃难到汉口。短暂的安顿之后，萧红开始创作《呼兰河传》。这期间，端木逐渐引起了萧红的注意。

在萧军以大男子主义轻慢萧红的文学才华时，端木恰到好处地赞美了萧红。有一段时间，三人相处十分和谐，同处一室，因为条件简陋，甚至同榻而眠。

萧红以姐姐的身份照顾端木，端木以弟弟的角色依恋萧红。这时的萧红是否因为在萧军身上的失意而移情于端木，很难确知，但萧红的细微变化也曾引发萧军的醋意。

1938年1月，萧红与萧军等人，随抗战洪流从汉口到山西。2月，日军逼近临汾，在去留的问题上，双方意见分歧，萧军留在了临汾，萧红随丁玲到西安。分别时萧红无限情伤。不久，萧军也从临汾辗转来到西安，两人重逢。

二萧自1932年7月相识至今已经六年。中间磕磕碰碰，是是非非，萧红都一如既往地挺过来了。萧军的意思是，他决不主动提出和萧红分手，但是萧红如果主动提出，他不会拒绝。但是这次萧红没有不久前分别的痛苦，她坦然走到萧军的房间，房子里还有其他人，萧红不避外人对萧军说："三郎，我们永远分开吧!"萧军正在洗脸,他擦着脸,平静地说:"好。"

其时,萧红怀了萧军的孩子。萧军觉得受伤了,来找端木决斗。端木不敢应战,萧红闻声赶来:"你要把他弄死,我也把你弄死!"萧军知道萧红的性格,暂时放手,但仍不罢休,凡是萧红和端木单独会面的时候,他就拿着一根大木棒跟在后面,让他俩不得安生。

萧红和端木蕻良

1938 年 4 月,他们正式分手。为躲开萧军,萧红和端木回到汉口。萧军则前往新疆,经过兰州时结识王德芬,又坠爱河。6 月 5 日萧军与王德芬结婚,从此白头到老。

但是萧红并没有找到自己的幸福。在汉口,端木与她举行了还算体面的婚礼。不久,武汉遭到日军大轰炸,文化名流大都转到重庆。萧红找到一张来之不易的船票,让端木先走,端木很听"姐姐"的话,欣然接纳,丢下有五个月身孕的萧红先到重庆去了。

9 月,萧红终于找到了到重庆的船票。萧红大清早赶到渡口,不小心绊倒,仰面跌倒在泥坑里。四野无人,她爬不起来,仰面看天上的星星,一直到天光大亮才被路人扶起。

11 月,萧红生下又一个无辜的孩子。关于这个孩子的去向,有不同的说法,一种说法是生下来就是死婴;但据胡风妻子梅志说,萧红告诉她孩子是三天后夭亡的;还有一种说法,萧红以牙痛为名,向医生要来止痛麻醉药,亲手结束了孩子的生命。

这是萧红的第二个孩子。这个母亲总是以不同的方式离弃亲生骨肉。没有了孩子的阻隔，萧红和端木的感情并没有进一步亲密。

萧红一开始对端木的人品和文品都很不看好。结婚后，因为身体的原因，仍是分居，萧红并未忘情于萧军。有一次到胡风家去，梅志把萧军写给胡风的信拿给萧红看，信中夹有萧军和王德芬在黄河边上亲密相依的照片。萧红看后脸色苍白，匆匆告辞。

端木有端木的才情，那时他是内迁重庆的复旦大学的教授，萧红成了教授夫人。1939 年在重庆，端木教书、编稿、创作，生活很充实，萧红也写下了《长安寺》等一系列作品。端木埋头书斋，与外界交往不多。有一次为生活琐事，端木打了泼辣的四川女佣，萧红跑到楼上找朋友摆平，端木则将门关得紧紧的不出来。

武汉沦陷，重庆又成前线。警报严重影响了萧红的写作，她一直想寻找精神和生活上的安宁，想专心写她的作品。在彻底摆脱和萧军的情感纠葛后，萧红在端木这里得到了一丝平静。为了更好地完成她计划中的盛业，1940 年 1 月，萧红夫妇到了香港。

1940 年 1 月到 1941 年 6 月，短短的一年半时间，萧红写下了《呼兰河传》《马伯乐》等她一生中的巅峰之作。这些战火中的作品并非一般意义上的"抗战文学"。

2008 年 9 月华东师范大学出版社出版的德国学者顾彬的《二十世纪中国文学史》用不少篇幅提到了《呼兰河传》《生死场》等作品：

> 她并没有把农民呈现为启蒙的对象或反抗的主体，她没有美化他们的生活。农村有一种让读者感到无所适从的幼稚

愚钝。

作家要表现的不是一个日本入侵前后的历史中国，而是在中国大陆上人类生存的一个示范性、象征性的场所。

1941 年 7 月，萧红的身体出现严重不适。失眠，咳嗽，肺部结核已钙化。她一直住在医院里，那是一间面朝大海的房子，很大，很寂寞，没有什么人来探访。端木未能陪伴在旁。这年年底，香港陷落。

萧红在香港

在萧红最后的日子里，陪伴在侧的是第三位东北作家骆宾基（本名张璞君，小萧红六岁）。萧红在神志清醒的时候跟他讲述自己短暂的一生。可能是料到自己来日无多，她强烈思念起东北故里，渴望亲人的怀抱。不久前，在《呼兰河传》里，她借着描绘故土风物人情，已将冷硬的父亲和继母的形象塑造得温馨亲切。

有一天，她说："我不会这么死的，我还要写《呼兰河传》第二部，骆君，到那时你愿意娶我吗？"在生命的最后关头，她还在寻找男人的肩膀。

1942 年 1 月 22 日萧红病死香港，历经短短 31 载人世沧桑，饥饿的身体和灵魂得以安息。激越的情感在没有合适对手的寂寞里经受了无限熬煎。在写作上，她心比天高，临终前，她写道："我将与蓝天碧水永处，留得那半部《红楼》给别人写了。半生尽遭白眼冷遇……身先死，不甘，不甘！"

萧红需要温暖，家庭无法给予她，她转而向情感世界里寻找。在和男人的战争中，萧红一直伤痕累累。萧军、端木蕻良、骆宾基这几位作家事隔多年之后追忆萧红，都打上了强烈的个人色彩，也给萧红的生平带来了更多的迷雾。

今天，作家的故里将其视作这个城市的文化符号之一。只是，当年的血与泪，笑与哭，早就风干。那些惨痛的故事在岁月里逐渐沉寂，渐至于湮没无闻，只有《生死场》和《呼兰河传》还在吸引今天的读者。不过，普通读者不会再去关注发生在这些作品背后的故事了。

萧红作品入选语文版语文教材、读本的有《火烧云》《三月的原野》《我家有个大花园》，入选其他版本语文教材、读本的有《呼兰河传》《回忆鲁迅先生》《祖父和我》《一条铁路的完成》《祖父的园子》《祖父、后园和我》等。

代后记　走过倦怠的理想

　　教育须有信仰，没有信仰就不成其为教育，而只是教学的技术而已。

　　教育是极其严肃的伟大事业，通过培养不断地将新的一代带入人类优秀文化精神之中，让他们在完整的精神中生活、工作和交往。在这种教育中，教师个人的成就几乎没有人会注意到，教师不是抱着投机的态度敷衍了事，而是全身心地投入其中，为人的生成——一个稳定而且持续不断的工作而服务。

　　教育，不能没有虔敬之心，否则最多只是一种劝学的态度，对终极价值和绝对真理的虔敬是一切教育的本质，缺少对"绝对"的热情，人就不能生存，或者人就活得不像一个人，一切就变得没有意义。

　　　　　　　　　　　　——雅斯贝尔斯《什么是教育》

是职业，总会倦怠

1980 年代我读师范时最熟悉的一句话是：教师是太阳底下最光辉的职业。那是一个理想高涨的年代，不缺乏煽情的字句。那时还没有教师节，但教师还算是不坏的职业之一。选择师范时并不知道前面的这句名言，但读师范后，并不后悔这种选择。上学期间，我认真读了斯宾塞、洛克、夸美纽斯的书，做了完整的笔记。我常常想，在未来的职业生涯里，怎样教育自己的学生，我将给每个学生建立一个每日生活档案，记载他们的言行，描画他们的成长轨迹，积累第一手资料。养一盆小花还要每日浇水，何况这是活生生的人，我对未来有许多憧憬。

很遗憾，当教师以后，我一直没有将这个档案建立起来。教书是很认真的，但迅速投入的是实际的课程教学，对学生的个性、人格成长，无暇，亦无力关注。好像没有经过思考，就进入了职业的跑道，多年来，一路狂奔，静心思考的时候很少。

有人提供这样一项调查数据，说是：在刚走上工作岗位的五年之内，教龄与教学效果是成正比的，曲线呈上升趋势；第五年至第八年，普遍出现一个平稳的发展趋势；八年以后，教师群体逐渐出现分化，小部分人通过再学习、再创造，教学水平得到提升，教学效果出现第二个上升期，逐步发展呈所谓"学者型"教师，这个比例约5%，而大部分人教学水平和教学效果先后开始下降，虽然下降的幅度和速度不同，但一直是平平的"教书匠"。

个人也曾遇到这种所谓的发展平台期，终于堕落成平平的

"教书匠"。原因有很多，个人的资质，如知识结构、能力水平、性格发展等，决定了不是所有的人都能以昂扬的姿态冲到终点。但教着教着，发现教书只是一份糊口的工作，学生只是一群熟悉的陌生人，就感到很疲乏。后来接触不同职业的人，发现也都有类似的职业倦怠期。

因为这种倦怠，我离开过教师岗位，从事过一段时间的出版工作。在业务进修期间，我遇到几位在高校从事期刊编辑工作的年轻人，三十多岁，博士学历，专业是我听都没听说过的。聊天时，他们几乎是众口一词，说，干吗离开学校，当教师多好呀。我说，不是高校教师，是中学教师。他们说，中学教师更好呀。为什么？单纯、快乐、有成就感。那你们呢，从事的是研究工作，不是更有意义吗？哎呀，我们是搬运垃圾的人，人家将垃圾送给我们，我们分类处理后，再送到垃圾回收站。

——哈哈，真是干一行怨一行。

我们的职业有哪些特点

中学教师在文学作品中的正面形象是严谨、端庄，诲人不倦；负面形象是刻板、见识浅薄，唠唠叨叨。君不见有人在批评一位疑似国学大师的学问时来一句：也就一中学语文教师的水平嘛！

怨不得别人言辞轻薄，这是中学教师的职业特点决定的。

首先，中学教师的工作，太多的是重复。前面我强调自己不是高校教师，意思是高校教师有自己的专业，必须承担科研任务，接触学术前沿，常有思考，常有发现。中学教师有热衷于教育科研的，但这类实践性的科研，"票友"成分居多。绝大部分中学教师面对的是一届一届的新学生，讲授的是一篇一篇的老课文。好不容易课程改革了，但是千教万教，教师个人的知识结构没有发生变化，单就语文教师而言，阅读面和阅读量没有改变，追慕几个课改新词，还是新瓶旧酒。教师工作三年为一个周期，正常情况下（不做所谓的"把关教师"），三五个周期下来，如果还能不厌烦，可能是他太健忘了。

当然不乏螺蛳壳里做道场的教师，有些人还能将道场做大——这种人搁哪个职业都闲不住他，而且还能鼓捣出一番又一番事业来。但就群体而言，重复，总是让人心生倦怠。

其次，中学教师的视野，包括生活视野、学术视野，都相对狭窄。简单地说，天天跟孩子打交道，最多跟家长打交道，本身就缺乏丰富的生活经验，还得担任传授生活经验的角色，真是勉为其难。常听某些年轻班主任训学生，听那千年不变的说辞，真是替他着急。乖的学生唯唯诺诺，刺头一点的学生常常由腹诽到当面流露出不屑的眼神来。当然，现在，社会风气变化大，教师当中不乏把各种社会资源玩得团团转的"厉害"角色，但这种"厉害"又跟教师职业的要求相去甚远，学生当面畏惧，背后不是敬畏，而是蔑视。一般来说，"单纯"是个褒义词，但说一个成年人单纯，意思很复杂：有褒扬其天真未凿的成分，也有揶揄其不晓人情世故的意思在。毕竟你是为人师表者，应该教给年轻一代诚实的、合适的生存法则，而不是一片烂漫天真。按理说，学生比你有理由烂漫，年轻学生需要的是比他高明的人，关于这一点，经典电影《闻香识女人》给了我们很好的启发。

再说教师的科研能力。能在教科研中发现乐趣的教师，鲜矣。如果评优、评特中没有论文、课题之类的要求，还热衷写论文、搞课题的教师，真是令人敬佩。这种教师肯定也有，就像贫瘠的乡下仍有文学发烧友一样。本文没有打击中学教师教科研热情的意思，对那些真心关注学生人格成长，真心关注课堂教学的中学教师，给多少赞美都不为过；对那些被外在的理由挟持到科研路上的教师，只能深表同情。

中学教师的主要工作是在课堂上。论文多多，课题多多，教学效果未必好的，不在少数。如果一个教师在课堂上能俘获学生的心，比写一千篇论文美好得多！

到各个中学的 BBS 上去看看，学生在不暴露身份的情况下对他的课任教师的评价，常会让教师生出世风日下的感慨。不排除年轻人的偏激，不排除网络上"没有人知道你是一条狗"的潜规则。相对而言，生活视野或学术视野开阔的教师，获学生好评的较多。这种教师不斤斤计较学生的平均分，不把职业看作是他生活的全部，反而有足够的力量显示其雍容的气度。

中学教师的职业特点，还跟公众对教师扮演的社会角色的期望、教师的经济地位等因素有关，这都是耳熟能详的话题，本文不赘。

认清自己的责任

上面说了一些实话，再来听听大师的"梦话"。

钱理群在题为《我理想中的中小学教育和中小学教师》的演

讲中指出，教师的职责是呵护成长之美，保障学生的成长权利。学生在校读书期间，学校教育务必给学生打下三个"底子"：终生读书学习的底子，健全的精神底子和健康的身体底子。——引用钱先生的话，是在说明中学教师如果自身不能够有更高的学问，不能在学术上有了不起的创见，但可以有更仁厚的心肠，呵护学生的成长。说刻薄一点，少摧残学生，少教给学生荒谬的知识和僵化的道理，多教给他们一些"健全的物理与深厚的人情"（笔者引周作人语）。这样子，学生的未来还有足够的发展空间。

钱先生在特殊年代做过多年中学教师，知道其中甘苦，所以，他还特别提出：中学教师只是"春天的播种者"，需要"只顾耕耘，不问收获"的精神。因为学生是未成年人，处于生命潜移默化发展的过程中，教育所引起的变化，是极其缓慢、细微的，中学教师不可能亲自收获"秋天的成果"，但要相信：播下一粒种子总会有收获；即使这粒种子，由于后天的原因它会夭折——这本身显现了教育的有限性，但这最终夭折的生命，在我们的抚育下，也曾经有过美好的瞬间，这就够了，不能期待付出的都得到好的回报。

这些话我每次读了都很感动。每个教师都为自己的学生不争气而失望过吧。学生的"顽劣"是教师对职业失望倦怠的最大诱因。什么社会地位、经济报酬、同行倾轧、领导不重视等，这些乱七八糟的事搁哪都有，但你倾心付出的对象也这样不领情，你还能坚持你的理想吗？这时候要追问的是，你一以贯之地付出了吗？你的付出有没有构成对别人的压力？——不是所有的要求都可以凭借爱的名义。所以，你有了正确的心态，还要好好修炼自己。这是一辈子的事。

辛苦地调整自己

笔者当了二十多年中学教师，在不同地域的不同级别学校任教过，有的学校追求高考零的突破，有的要实现清华北大录取人数新的增长，接触过非常出色的优生和非常另类的所谓差生，自然有成功的欣慰；但是，在一轮又一轮的重复教学后，又有许多惘然。有时候连教室也不变，从高一送到高三，教室从一楼搬到三楼，三年后又回到原来的教室，简直像梦魇一样。我清楚地记得，有一年八月的一个黄昏，班主任在教室里给新生训话，我在操场上远远地看到，心里就特别焦急：又来了！——又要上那篇课文啦。我是害怕重复自己的人，又没有足够的能力每三年就玩出新花样来，所以，当时没有迎接新生的快乐。只有面对他们的紧张和对职业的一丝厌倦。

克服倦怠情绪，当一名富有创造力的教师真的很不容易。有些时候因为心高气傲，不屑为之；许多时候是"智"不从心，力不胜之，或者两者兼而有之，结果是追求一生，劳碌一生，发现自己并没有达到少时的理想，最后是抱恨终生。

人最难的莫过于战胜自己，改变原有的知识结构来寻求自我突破，这些人后来慢慢成长起来了。

不要自卑：任何职业都可以发挥创造性，任何职业都可能面临"重复"的压力和威胁，如果认为整个工作都是重复，那是从业者的心态错误。

我们每次面对的是不一样的生命，而且是永远的青春。没有哪个职业有这样得天独厚的机会和由此带来的幸福。如果能给那些年轻的生命留下美好的记忆，你就会获得源源不断的幸福和职业成就。这些也在催逼你参与新的学术研究，走出校园，走向更广阔的天地……

丰富自己：中学教师要努力使自己知识渊博而不失灵性、深厚沉毅而不乏风趣，这样就必须不断提升专业知识水平，提升教学能力，培养广泛的兴趣爱好。

我们可以重温一下朱永新在《我的理想教育》里写的一段话："我心目中的理想教师，是一个胸怀理想，充满激情和诗意的教师；是一个自信、自强，不断挑战自我的教师；是一个善于合作，具有人格魅力的教师；是一个非常尊重他的同事，非常尊重他的领导，非常善于调动帮助他成长的各方面因素的教师；是一个充满爱心，受学生尊敬的教师；是一个追求卓越、富有创新精神的教师，一个善于学习、不断充实自我的教师；是一个关注人类命运，具有社会责任的教师；是一个坚韧、刚强，不向挫折弯腰的教师。"

朱永新的八个标准，核心内容是做一个富有创造性、能自我完善、有担当精神，因而受学生尊敬的教师，也就是说，教师首先得丰富自己。——除了使自己变得更强大，别无法门。简而言之，如果教师不能承担引领年轻生命成长这一重任，也就很难获得职业的幸福感。

补　记

收在本书里的文章，是我近年来写作教研文章之外的一些试笔之作。这些篇什基本源自学生对课文内容和课文作者的追问，为了回答学生的问题，我梳理了自己年轻时读书的一些印象，也希望借此介绍一些好的作家，推荐一些好的作品给学生阅读——虽然开书目不是我辈所能为之事。

本书写作过程中，有些篇章是自己的个性解读，观点未尽允准，在此请求读者原谅；有些篇章参考了多种材料，不能一一注明出处，在此一并向有关作者表示谢忱。

这些文章，最初发表在苏皖沪赣的几家杂志上，李卫兵、李舒、宋国云等几位编辑老师为此付出了许多辛苦，在电邮短信往来中，他们给了我很好的意见，这是我首先要感谢的。

这些零碎的篇什能结集出版，最要感谢的是王旭明社长，他是我十分尊敬的一位朋友；王社长为本书作序，序言的标题后来被我掠美，拿来作为本书的书名；这是要倍加感谢的。

朱春玲老师是本书的责任编辑，她总是那么谦和，善解人意；感谢她为此书出版付出的所有辛劳。

感谢语文教育家于漪老师为本书题词。

感谢孙绍振教授、温儒敏教授和十年砍柴给予本书的奖掖之词。

最后，感谢阅读这些文字的每一位读者。

2013 年 4 月